JN134882

真のエクソシスト

THE REAL EXORCIST

大川隆法
RYUHO OKAWA

まえがき

まさしく私の戦場での実話から抽出《ちゅうしゅつ》されたテキストである。

悪霊、悪魔《あくま》、生霊《いきりょう》などとの接近遭遇《せっきんそうぐう》は、ほぼ毎日のことである。

本来は、一体一体《いったいいったい》、説法して成仏《じょうぶつ》させるのが本筋である。その霊体の悩んでいるポイント、あるいは、生きている人を悪意をもって狙《ねら》っている理由を見破って、論理的、理性的に論破《ろんぱ》し、成仏する方向性を明示《めいじ》すべきである。根本原因を除去しない限り悪魔払《あくまばら》い（エクソシズム）は成立しない。

そのための日頃の鍛錬《たんれん》としては、教学、精進《しょうじん》、信仰、利他行《りたぎょう》などが必須《ひっす》である。自分を特別の人間だと慢心したり、貪欲《とんよく》、怒り、迷いなどに振り回されていると、救いようがない人となってしまう。謙虚にコツコツと努力する習慣もあなたを霊的に救うことになるだろう。

二〇一九年　四月五日

幸福《こうふく》の科学《かがく》グループ創始者兼総裁《そうししゃけんそうさい》　大川隆法《おおかわりゅうほう》

真のエクソシスト　目次

第2章　真のエクソシスト

――悪魔に最終的に勝つ力――

二〇一八年五月九日　説法

幸福の科学 特別説法堂にて

第3章　宗教のプロとしてのエクソシスト
――「真のエクソシスト」質疑応答――

二〇一八年五月九日
幸福の科学 特別説法堂にて

心の世界には「波長同通《はちょうどうつう》の法則」というものがあり、憑依《ひょうい》される者自身がマイナスの心を持っていると、それと似たような地獄《じごく》的な霊《れい》を引き寄せてしまう。その地獄霊とのなかで起きる現象を「霊障《れいしょう》」という。

つまり、霊障とは「霊的な障《さわ》り」のこと。悪霊《あくれい》に取り憑《つ》かれるなど何らかの悪《あ》しき霊的な影響《えいきょう》を受けている状態を言う。霊障になると、体調が悪化したり病気になったりするほか、さまざまな不平不満等の思いや言葉が出てきて、人間関係や仕事等にも悪影響を及《およ》ぼし、人生が破綻《はたん》していく。

したがって、対策としては、自《みずか》らの思いや行いに間違《まちが》いがないかを反省し、生活を調《ととの》え、そして、天国的な自分へと切り替《か》えることによって、悪しき影響から離《はな》れる必要がある。

第1章

霊障《れいしょう》対策の基本

―基礎《きそ》的知識から実践法《じっせんほう》まで―

2018年9月5日　説法《せっぽう》
幸福の科学 特別説法堂にて

1　霊障《れいしょう》の見分け方

誰《だれ》でも何度かは経験する霊障

本章のテーマについては、もうすでに、いろいろなかたちで何度も話をしてはいるのですが、実は、毎年毎年、繰《く》り返し言っておかなければいけないことではないかと思っています。

これは、「宗教の基本に立ち戻《もど》る」ということでもあろうかと思うのです。ほかの学問や仕事でやれるテーマも多いのですが、このテーマは、どうしても宗教に強くかかわってくる内容なのです。そういう意味で、霊的《れいてき》なものも含《ふく》めた生き方というか、そうした関係論のようなものが必要なのではないかと思っています。

本章「霊障《れいしょう》対策の基本」では、題名どおり、なるべく基本的なことを繰り返しお教えしておこうと思います。

「霊障」とか、「霊に取り憑《つ》かれる」とかいうようなことは、それほど特殊《とくしゅ》なことではなく、どなたであっても一生のうちに何度か経験すると思われます。

どういうときに多いかというと、「自分が思っていたような人生ではないコースに入り込《こ》んでしまった場合」「デッドロックに直面した場合」「職業上、あるいは趣《しゅ》味《み》のサークルなどでの付き合いの関係上、悪いグループに入ってしまった場合」等です。そういうときには、なかなか逃《のが》れにくいものはあると思うのです。

例えば、「たまたま自分の友達がいたから」ということで不良グループに入り、抜《ぬ》けられなくなることがあります。そして、「一日一善」ではなく、「毎日、何か一つぐらいは悪さをしようぜ」という感じで、メンバーが順番にやっていき、「次は、おまえの番だ」と言われ、やらされることもあるでしょう。

そこから抜けるとなったら、昔の〝抜け忍《にん》〟並みの扱《あつか》いを受けることもあります。「忍者をやめると、死ぬまで追いかけてこられる」とも言われていますが、不良グループの場合も、なかなか抜けられない面があろうかと思うのです。

そういうところでは、霊障になりやすかろうと思います。

もちろん、犯罪をやっている人たちも同じです。徒党を組んで犯罪をやっているような人たちのなかに入って、それをしていると、だんだん浸《つ》かってくるので、職業として犯罪絡《がら》みのことをやっているような人には、たいてい悪霊《あくれい》が憑いてくると見てよいと思います。

今風の「オレオレ詐欺《さぎ》」「振《ふ》り込め詐欺」では、「甥《おい》だ」「姪《めい》だ」などと称《しょう》してお年寄りを騙《だま》し、「お金を振り込んでくれないと、大変なことになるんだ」と言ったりします。なかには、「現金を持って東京駅まで来てくれ」と言ったりするものまであるそうですが、それに引っ掛《か》かる人がいるのは、ちょっと信じがたいことです。甥か姪がいることまで調べているのかどうか知りませんが、直接受け取るわけではなく、代理の人が受け取るかたちで、現金を巻き上げるのです。

こうしたことに関する注意を促《うなが》す看板などがときどき出ていますが、「よく、そんな〝仕事〟というか、〝商売〟が成り立つなあ」と思います。

毎日そういうことをやっていれば、心は曇《くも》ってくるでしょうし、地獄《じごく》にあるスタイルに近いので、「波長同通《はちょうどうつう》の法則」によって悪いものが寄ってくるでしょう。

基本的に、犯罪類型に当たるものの場合には、そういうことになります。

もっとも、犯罪は国によって違《ちが》うこともありますし、国是《こくぜ》によって変わることもあります。若干《じゃっかん》、間違った基本（国是）を立てている国もないとは言えないので、そういう国の場合には、「国に抵抗《ていこう》しているような人たちは犯罪者であり、悪霊が憑いている」という考えには問題があると思います。

しかし、そうではない正当な部分、だいたい合意されるような部分で、犯罪性が高い仕事をしていたり、そうしたことをするグループ等に長くいたりすると、悪霊憑依《ひょうい》は起きると思われます。

新宗教や新新宗教には「悪霊《あくれい》の巣窟《そうくつ》」のようなものもある

宗教は嫌《きら》われる対象になることも多いのですが、それには理由がないわけではありません。同業者として非常に言いにくいことではあるのですが、江戸《えど》時代の後期ぐらいから明治・大正・昭和、戦前から戦後、平成、このあたりに起きた新宗教や新新宗教のなかには、私が見ても、実際、「どうも納得《なっとく》できない。間違っているのではないか」と思うものがあります。

私の場合、例えば、宗教学の事典のようなものなら読めるのですが、新宗教関連の事典のようなものだと、読んでいるうちに、だんだん気分が悪くなることがあります。それは、その事典が扱っている内容に、明らかに「悪霊《あくれい》の巣窟《そうくつ》」のようなものが入っているからではないかと思うのです。

ただ、非常にやりにくいことに、現代のマスコミには、「宗教の評価を上げるときには、全部を一緒《いっしょ》に上げて、下げるときには一緒に下げる」という傾向《けいこう》があります。

「宗教、相争《あいあらそ》わず」ということが、ここ数十年、不文律のようになっています。宗教同士で争うと、両方ともマスコミの〝カモにされる〟場合があるからです。そのため、宗教には、「上がるときには一緒に上がり、下がるときには一緒に下がる」というような面があって、この関係は難しいのです。

幸福の科学は「宗教にも違いがある」と言っているのですが、そう簡単には分かってもらえず、「摩訶《まか》不思議なことを言っていることでは、どこも同じではないか」というようなことを言われます。

また、教団が一定の規模になると、変な人も出てきます。「日本人の百人に三人は犯罪者になる」と言われているぐらいなので、百人規模の宗教では、放っておいても、犯罪に引っ掛かるような人が三人ぐらいは出てくるわけです。

教団が千人、万人、あるいは、それ以上の規模になってきたら、変な人が一定の比率で出てきます。それも、軽いかたちで出ればまだよいのですが、重いかたちで出て、犯罪を犯《おか》す人が出た場合には、宗教のほうも丸ごとそれに引きずられることがあるので、このあたりに関しては非常に言いにくいところがあります。

「精神病か、霊障《れいしょう》か」を見分けるのは簡単ではない

個人的にやっているものであっても同様です。

「判例《はんれい》百選」という、裁判の記録のようなものには、「信教の自由」とその限界に関して、次のような事例が載《の》っています。

それは、「僧侶《そうりょ》が、狐憑《きつね》き、狸憑《たぬき》きのような人を、その人の親族に協力させて取り押《お》さえ、叩《たた》いたりして霊を追い出そうとしたが、そうしているうちに対象者が死んでしまったため、犯罪に問われた」というものです。

もし、本当に狐や狸など動物霊系のものが憑いていたら、奇行《きこう》が多くなります。これは身近で見ている人には分かるでしょう。例えば、四つん這《ば》いで歩き、ピョンピョン跳《と》んだりし始めたら、これはどう見てもおかしいので、宗教的なことに理解

がある人なら、「絶対に動物霊が憑いている」と思うでしょう。

そういう人を霊能者のところに連れていったら、「ああ、これはお祓《はら》いをしなくてはいけないですね」と言われるかもしれません。ただ、やってもやっても追い出せないと、だんだん、肉体のなかに入っている霊に対して、それが不快感を感じるというか、嫌《いや》がるようなことをしたくなります。そのため、多少、体罰《たいばつ》的なことをすることもあるのです。

キリスト教系の「エクソシストもの」を観《み》ても、精神病の人に対する扱いと同じように、相手を椅子《いす》に座《すわ》らせ、革のバンドのようなもので縛《しば》って動けないようにしてから、エクソシズム（悪魔祓《あくまばら》い）をやっている場面が出てきたりします。

現象的に見れば、精神病で暴《あば》れている人と、強力な霊障《れいしょう》で暴れている人との区別は、ほとんどつきませんし、それらが重なっている場合も多いと思います。

そのため、バチカンのローマ法王庁では、「まず、病気でないかどうかを確かめ、病気だったら精神病院で治療《ちりょう》してもらえ」ということで、病気の兆候がないかどうかを確認してから、エクソシズムに入るかたちになっています。

ただ、現実には、これを見分けるのは、それほど簡単なことではありません。「ザ・ライト　エクソシストの真実」（二〇一一年公開／ワーナー・ブラザース）という有名な映画があり、アンソニー・ホプキンスがエクソシストを演じていますが、この映画には、「医学的な精神病か、それとも悪魔憑きか」ということを見分けるために、「対象者が超能力《ちょうのうりょく》的なものを持っているかどうか」を調べてみせる場面が出てきます。

例えば、不透明《ふとうめい》のビニール袋《ぶくろ》のなかに入っている物を当てさせます。これは日本で言うと「物当て」に当たりますが、もっと大きく言うと「千里眼《せんりがん》」に当たるものでしょう。その映画のなかでは、袋のなかに一ドル札が入っていることを対象者が当てたので、エクソシストは、「これは悪魔の力なのだ」というようなことを言っていました。

それから、外国語など、本人が知っているはずのない言語を突然《とつぜん》話す「異言《いげん》」も判断材料です。

また、ほかの人の過去など、本人が知っているはずのないことを言う場合もあります。「おまえの死んだ親父《おやじ》は、死ぬ間際《まぎわ》に、こう言った」「お母さんは、こんな死に方をして苦しんでいるぞ」「きょうだいは、こうだ」などと言ったりするのです。

これらを見て、「ああ、これは悪魔憑きだ」と判断したら、エクソシズムに入るわけです。

しかし、これも微妙《びみょう》に難しいのです。むしろ、一生懸命《いっしょうけんめい》、悪魔の存在を実証しているようにも見えて、何とも言えないところがあります。真正な霊能者であれば、「悪魔憑き、悪霊憑きか、そうでないか」ということは、すぐに分かるだろうと思うのです。

2 悪魔《あくま》と戦う際の基本知識

悪魔は「縁《えん》ある人々」の「いちばん弱いところ」を狙《ねら》う

ただ、霊道《れいどう》が開けていたりして、普通《ふつう》の人よりも非常に感じやすいタイプの人はいます。そういう人の場合、ある程度、家に煙突《えんとつ》が立っているようなものであり、サンタクロースが入ってこられるようにはなっているのですが、〝サンタクロース以外の者〟も入ってこられなくはないわけです。

それから、煙突の掃除《そうじ》ができていないと、サンタクロースは汚《よご》れてしまい、大変なことになるだろうと思います。同じように、霊道が開けたときの心境はよくても、何か本人に重大な支障の生じるようなことがあった場合には、心境が変化していくので、難しくはなってきます。

基本的には、「波長同通《はちょうどうつう》の法則」というものがあるのですが、特殊《とくしゅ》な例外として、「ある人を強度の霊障《れいしょう》状態、悪霊憑依《あくれいひょうい》や悪魔《あくま》憑依の状態に置くことによって、その人だけではなく、その人の家族である、きょうだいや親、子供、あるいは仕事に関連している人を間接的に狙《ねら》う」というスタイルも、あることはあるのです。

「将棋崩《しょうぎくず》し」ではありませんが、将棋の駒《こま》をたくさん積み重ね、一つずつ抜《ぬ》いていくと、どこかを抜いたときにガサッと全部が崩れてしまうことがあります。これと同じように、家族が成り立っていても、あるいは職業上、一定のグループが成り立っていても、「ここがやられると、全部が崩れてしまう」ということがあると思います。

そのように、悪魔の攻撃《こうげき》の仕方は、狼《おおかみ》が羊《ひつじ》を狙う方法と基本的には同じパターンであり、「いちばん弱っているところ」、しかも、「狙いやすく、かつ効果的であるところ」を狙ってきます。

そして、〝表玄関《げんかん》〟から攻《せ》めてくることはほとんどなく、たいていは〝勝手口〟

から攻めてきます。普通の人は、勝手口からは家に上がれませんが、悪魔の場合には、勝手口から上がるような感じなのです。

要するに、身内や顔見知りなど、よく知っている人であって、逃《のが》れがたい感じというか、拒絶《きょぜつ》しがたい感じの人のところから入ってくるのです。これが基本です。

これについては、私はもう数多く体験してきましたが、方法はほとんど同じです。狼型の攻め方をしてきます。狙うのは、「いちばん弱いところ」です。家族が何人かいたら、そのなかのいちばん弱いところを狙います。

学校のクラスでは、「いじめられっ子に、いじめが集中する」ということが多いのですが、学級崩壊《ほうかい》をさせるときにも、「いじめやすいところを狙う」ということはあります。

一人でいじめられている人を助けようとして、その人の友達になった人がいると、「おまえも仲間か」ということで、その人もいじめて、孤立《こりつ》させる作戦を取ります。「孤立させ、浮《う》き上がらせる」という感じでしょうか。

そうすると、相手は絶望感にさいなまれ、次第《しだい》に学校に来られなくなったり、職場で孤立したり、家族のなかで浮き上がったりして、元の関係を取り戻《もど》せないかたちになることが多いのです。

このように、目的性を持って狙ってくることもあるので、本当に手強《てごわ》いと言えば手強いわけです。

「特定の場所」に関係のある「地縛霊《じばくれい》」への対策

普通の悪霊の場合、例えば、特定の場所に関係のある「地縛霊《じばくれい》」のようなものであれば、そういうものがいる所に近寄らなければ、基本的に縁《えん》はなくなります。

お墓《はか》に行って肝試《きもだめ》しをしたり、「霊が写っちゃったんです」というような感じで、いつも墓地等の取材などをしていたり、お墓参りばかりしていたりしたら、そのうち、〝やられる（憑依される）人〟がおそらく出てくると思うので、そういう場所には、なるべく近づかないほうがよろしいと思います。

幸福の科学の建物があるあたりには寺町《てらまち》が多く、お寺やお墓がたくさんあるのですが、私は、お寺やお墓にはあえて行かず、見ないようにしています。また、当会の建物をつくるときにも、構造上、そういうものが直接には見えないようにつくることのほうが多いのです。

私は、今住んでいる所に、もう二十年近く住んでいます。近所にお墓はたくさんあるのですが、おかげさまで、「夏場になったら、近所のお墓から幽霊《ゆうれい》がやってきた」という経験は、ほとんどありません。これは、「直接の関連性を持たせないように努力している」と言うべきかと思います。

もし、毎日、散歩するかのようにお墓へ行っていたら、おそらく、霊が来るだろうと思います。そのため、どこかに出かけるときには、青山《あおやま》霊園の近くの道路を通ることもありますが、できるだけ意識しないようにしてはいます。毎日機嫌《きげん》よくそこを散歩していたら、そのうちに霊が来るだろうと思うのです。私となら話ができると分かっていたら、話をしたがり、苦情を申し立てたくなって、私のところに来るでしょう。

ですから、原則は、「触《さわ》らぬ神に祟《たた》りなし」ではありませんが、場所的に危ないようなものにはあまり触らないことです。

自殺者が続出する所も危険です。例えば、「踏切《ふみきり》」とか、「ビルのなかで、よく飛び降り自殺が起こる場所」とか、そういう所です。

いわゆる「事故物件」も同様です。「ずいぶん格安だなあ」と思ったら、そこは、首を吊《つ》って死ぬ人がよく出る所だったりするわけです。このような設定は、「心霊もの」のドラマや映画にもあるのですが、こういう家や部屋には、なるべく入らないほうがよいと私は思います。

避《さ》けられない場合もありますが、肝試《きもだめ》し風に、「なあに、自分は強いから大丈夫《だいじょうぶ》だ」というように強がったりはせず、無駄《むだ》な接触《せっしょく》は避けるのが基本かと思います。

首吊りがあったりして住人が死んだあとの物件に入ることは、普通は嫌《いや》がられるのですが、「そのあと一定期間、他の人が借りた」という実績があれば、事故物件ではなくなります。

そのため、「不動産の紹介《しょうかい》業者や関連の人が名義貸しをし、ほとんどタダで借りるようなかたちで、半年とか一年とか借りて、実績をつくる」という方法があるようです。そうすれば、次に紹介するときには、もう事故物件ではないわけです。そのようなテクニックが使われることもあるので、気をつけたほうがよいのです。

アメリカのホラーには、ハウス、家に関連するものがよくあります。「地下室とか、誰《だれ》かが死んだ特別な部屋とか、そのような所に幽霊が住みついていて、それに取り憑《つ》かれ、さらには、その幽霊の奥《おく》にいる悪魔に取り憑かれる」というパターンのものが多いのです。イギリスでもそうでしょうか。

「たまたま地下室に入って、何か古いものを見つけると、それが、不幸な亡《な》くなり方をした人の所有物だった」とか、「亡くなった娘《むすめ》の部屋を開けないでいたのに、そこに入ってしまったため、取り憑かれた」とか、そのようなことは、けっこうあります。

このような所は、なるべく接触を避けたほうがよいと思います。

バチカンのエクソシストが学ぶ内容

お祓《はら》いができる人というか、海外で言うところの「エクソシスト」の数はものすごく少ないのです。バチカンは、「年間五十万件以上、悪魔祓いの要請《ようせい》が来る」と言っているのですが、実際にやっている件数はものすごく少ないだろうと思いますし、エクソシストの認定資格を持っている人も非常に少ないわけです。

また、バチカンにおける、エクソシストを育てる授業の内容等を見ても、「はたして、これで祓えるのかな」と感じるものがあります。

基本的には、「悪魔の名前はあまり知らないほうがよい」と私は思うので、幸福の科学ではそれをたくさん教えたりはしないようにしているのですが、バチカンで教えている内容を見たら、要するに、「悪魔の名前を覚える」ということをしているのです。悪魔の似顔絵というか、絵姿を見たりもしていました。

おそらく、リストか何かには五百ぐらいの悪魔が載《の》っていて、特徴《とくちょう》がいろいろと書いてあるのではないかと思います。

エクソシストの資格を得るためには、悪魔の名前や顔を覚えなくてはならないのでしょうか。それに関しては知りませんし、本当に悪魔を視《み》て描《か》いているのかどうか分からないのですが、絵のようなものが描いてはありました。

悪魔《あくま》との戦いでは「対話しない」「目を見ない」

バチカンが教えているエクソシズムの基本は、次のようなものです。

まず、悪魔《あくま》に憑かれていると思われるような人を縛《しば》ったりして、体の自由を奪《うば》います。ものすごい力を発揮して暴《あば》れる場合もあるので、そうしないと危険なのです。

そして、「相手と対話をするな。悪魔がいろいろ言っても、耳を貸してはいけない」ということと、「相手の目を見るな」ということを教えているようです。

「対話をしない」ということは、エクソシズム系の映画を観《み》ると、だいたい出てきます。演出上、多少、悪魔に派手に話をさせているものも多いのですが、卑猥《ひわい》な言葉、いわゆる「下ネタ」を悪魔はたくさん語るのです。

普通の仕事の場などで聞くと、はばかられるような言葉、テレビでは放送禁止用語に当たるような下ネタを、やたらと言います。しかも、少女など、通常、そんなことを言うはずのないような人が、下ネタの汚《きたな》い言葉、卑猥なスラング系の言葉をたくさん話すわけです。

なぜかというと、一つには、お祓いをしようとしている聖職者の心をかき回し、精神統一を乱そうとしているからです。聖職者は、これから、聖水を振《ふ》りかけたり、十字架《じゅうじか》を押《お》しつけたりして祓おうとしているのに、下ネタを話され、卑猥な言葉をたくさん聞いたりすると、怯《ひる》んでしまうわけです。

また、悪魔を相手にしているときに、同じ次元での言い合いになると、波長が同通してき始めます。そのため、「話を聞くな。耳を貸すな。会話をするな」と言っているのです。

そういうことは、映画を観てもよく出てきます。これは、実際、そのとおりです。紳士《しんし》・淑女《しゅくじょ》と思われていたような人なのに、悪魔などが浮き出てくると、突如《とつじょ》、卑猥な言葉をたくさん言い出して、〝下ネタ攻撃〟をし始めるようになるのです。

したがって、「言葉を調《ととの》える」ということも大事です。「言葉を調律し、卑猥な言葉などを使わないように抑《おさ》える力がある」ということだけでも、理性が働いている証拠《しょうこ》ではあるので、このあたりは知っておいたほうがよいのです。

このように、キリスト教系のエクソシズムでは、「あまり会話でのバトルに入るな。耳を貸してはいけない」と言われています。

それから、「相手の目を見るな」とも言われています。これは、「目を見ると、催《さい》眠術《みんじゅつ》的効果に引っ掛《か》かることがあるから」ということなのだろうと思います。

ただ、ラテン語の『聖書《せいしょ》』を読み、聖水を振りかけ、十字架を相手の顔や体に押しつけたりすることに、どのくらいまで本当に効果があるのか、若干《じゃっかん》、疑問がないわけではありません。映画やドラマでは、構成上、盛り上げのために、そういうことがやられているところはあるのですが、それほど大きな効果があるようには私は思いません。

ホラー映画のように、「五寸釘《ごすんくぎ》のようなものを吐《は》く」ことはない

それから、演出上、いろいろなものが出てくる作品があります。例えば、先ほど述べた「ザ・ライト」で言えば、五寸釘《ごすんくぎ》のようなものを、悪魔憑きの妊婦《にんぷ》が口から吐《は》いたりするシーンがあって、パンフレット等には、「トゥルー・ストーリー（実話）に基《もと》づいた物語だ」と書いてありますが、五寸釘をたくさん吐いたりするというのは、さすがに本当はないだろうと思います。これは、演出上のものなのではないでしょうか。

悪魔祓い師の神父《しんぷ》を演じていたアンソニー・ホプキンスも、自分がお祓いをしようとしていた人が死んでしまってショックを受け、今度は、自分が悪魔にやられる番になったら、やはり、五寸釘のようなものを口から出していました。

これは、おそらく、キリストが十字架に磔《はりつけ》にされるときに、打ち付けられた釘か何かを象徴しているのだろうとは思います。ただ、物質化現象があるのは確かだとしても、悪魔にそこまで「物質化能力」というか、「物理現象を起こす力」があるように描くのは、強調しすぎでしょう。それは少し問題であり、そのような感じには、めったにならないと私は思います。

自傷行為《じしょうこうい》や自殺衝動《しょうどう》が生じる理由

たいていの悪魔憑きの場合は、要するに自分を責めるので、確かに、首を吊ろうとして首にロープ（縄《なわ》）を巻いたり、紐《ひも》を巻いたり、あるいは、感電死しようとしたり、油を撒《ま》いて火をつけようとしたり、窓から飛び降りようとしたりするようなことはありますし、他人《ひと》に暴力を振るう場合もあるでしょう。ナイフなどがあれば、それで他人を斬《き》りつけてくることもあるので、そういったものは遠ざけたり、目に見えないところに隠《かく》したりしなくてはいけないこともあると思います。

そういう霊障者の場合には、もちろん、近くに銃《じゅう》などがあるのも問題です。銃や刃物《はもの》等は、遠ざけたほうがよいですし、十分に管理をしなくてはいけないでしょう。また、飛び降りなども簡単にできないように考えたほうがよいですし、ガス中毒で死ぬこともあるので、そういったことも簡単にできないようには気をつけたほうがよいと思います。

あとは、発火物《はっかぶつ》です。石油やその他、すぐ燃えるようなもの、火がつきやすいようなものは、なるべく、身近に置かずに、隠すように努力したほうがよいでしょう。

それから、霊障者は、たいていの場合、何か自傷行為《じしょうこうい》をする方向に走ります。それは、憑いている者の声が、耳元、あるいは頭のなかで、「死ね、死ね、死ね」とか、「飛び降りろ」とかいう感じで、たくさん聞こえてくるからです。それが、夜も眠《ねむ》れないぐらい延々と続くので、だんだん、だんだん、催眠術にかかったように、その気になってくるわけです。

そういう意味では、自分がものすごく弱っていて、もう本当に、「この世の終わりだ」と思っているようなとき、例えば、仕事をクビになったとか、失恋《しつれん》したとか、受験で失敗したとかいうときは危険です。あるいは、「医師の国家試験を受けて落ちた。もう、医者になれないかもしれないし、親にも言えないので、死んでしまいたい」というような気持ちのときに、先ほど述べた、自殺スポットになっている踏切のような所に近づいたら、電車が来たときに、フラフラフラッと飛び込《こ》んでしまうことがあります。

また、車の運転なども危険です。そういうタイプの人だと、運転しているときに、ほんの一瞬《いっしゅん》でも手を取られたら、簡単に手を動かされてしまいます。そうなると、ハンドルを切ったら、ぶつかってしまったり、人をはねてしまったりすることもあるでしょう。

それから、屋上や窓等から飛び降りるようなこともありますが、これは構造上の問題でもあるので、飛び降りられないような構造にしておけば、一人も死にません。

昔は、駅のホームから飛び降り自殺する人が非常にたくさんいました。しかし、最近は、ＪＲ等が、お金がかかるということで、非常に嫌がっていたホームドアの設置をだんだんに進めてきて、電車が着いたときのみ入り口が開くようになったので、一人も死ななくなった所がたくさんあります。

やはり、もともと、ホームドアなしのプラットホームというのは、けっこう危険な構造だったのです。その意味で、霊障者が自殺の誘惑《ゆうわく》に駆《か》られると、飛び降りてしまうことがあるので、そういう点も気をつけたほうがよいかもしれません。

そのように、悪魔というのは、まずは、憑いている人を殺そうとしたり、事故を起こさせようとしたりする傾向《けいこう》があることが多いと思います。

アメリカと日本のホラー映画の違《ちが》い

なお、アメリカのエクソシスト系の映画などでは、先ほども述べたように、悪魔に憑かれている人が五寸釘を吐いたりするシーンが出てきます。あるいは、演出効果上、演出家や監督《かんとく》が考えたのかもしれませんが、そら豆のスープを含《ふく》んで、吐いたりしています。

確かに、あの〝緑色の液体〟をベーッと吐くと、異様な感じがするので、映像上は、「悪魔に憑かれたのではないか」というように見えます。その意味では、そのようにしたほうがよいのかもしれません。

しかし、宗教を三十数年間やってきた私の経験では、「〝そら豆のスープ（緑色の液体）〟を吐く」というようなことはありえないことです。

もちろん、「気分が悪くて、食事したものを吐く」というようなことぐらいはあると思います。確かに、霊障になると、食べ物の好みが変わって、嫌《きら》いなものもできたりするので、そういうものを吐くことはあるかもしれません。しかし、決まり切ったように、「そら豆のスープのような緑色の液体を吐く」ということは、ほとんどありえないと思います。

また、「首が三百六十度回転する」などというシーンもありますが、それはありえないでしょう。首が三百六十度回ったら、首が折れて、そのまま死ぬはずですから、これも演出過剰《かじょう》だと思います。

そのように、アメリカ系のエクソシズムの映画は、物理的に見せなくてはいけないので、多少、演出過剰なのです。もちろん、向こうではそれでヒットするのですが、日本では、あまり観てくれる人はいないでしょう。

日本の幽霊等は、もう少しソフトタッチで現れることが多いと思います。もちろん、日本でも恐怖心《きょうふしん》を起こさせるようには攻めるのですが、それほど物理的な攻め方はしないのです。そのため、アメリカ系のホラーものは、日本では流行《はや》らず、一館上映などになることがよくあります。また、日本のホラーものも、あまり、あちらには行かないことが多いのです。

日本の作品としては、「貞子《さだこ》」系（「リング」シリーズ）、「伽椰子《かやこ》」系（「呪怨《じゅおん》」シリーズ）等の、ゾンビによく似た出方をするようなものは、ハリウッドに進出してリメイクされたりはしていますが、そういった出方は、日本では、あまり現実には体験しないことなのです。そういう意味では、作者自身が、多少、そのあたりを超越《ちょうえつ》・超脱《ちょうだつ》しているというか、はみ出しているということだと思うのです。

「日本で、死んだ人間がゾンビ風に這《は》い回ったり、襲《おそ》いかかってきたりした」ということは、私も経験がないですし、聞いたことも見たこともありません。もちろん、幽霊的に恐怖心を起こさせるということはありえます。「まさか」というような姿を見せるようなことはあるでしょう。

あるいは、現象的には、「音がする」とか、「カーテンが動く」とか、「ライトが消える」とか、そのくらいのポルターガイスト的なものは、一部あるとは思います。しかし、物理的な力をそれほど強烈《きょうれつ》に発揮できるということは、日本では非常に少ないのです。

その意味で、アメリカン・ホラーというのは、ホラーといっても、基本的には、殺人事件のスリラーを、幽霊・悪魔に絡《から》めたものなのではないかと思います。結局、殺人事件を、幽霊・悪魔関連で起こして、ドラマをつくっているように見えます。

しかし、現実の悪霊や悪魔というのは、そういうものではなく、「心」を攻めてくることがほとんどなのです。

3 悪魔祓《あくまばら》いの方法と応用知識

幸福の科学の法話《ほうわ》の音声や映像をかけてみる

なお、強度の霊障《れいしょう》状態になると、霊能者ではなくても、霊能者に起きるのと同じような現象は確かに起きます。要するに、常時、悪霊《あくれい》や悪魔《あくま》に憑依《ひょうい》されていると、霊が視《み》えてきたり、怪《あや》しげな声が聞こえてきたりすることが非常に多いのです。

例えば、職場で怒《おこ》られてばかりいると、特に、耳を塞《ふさ》ぎたくなるような気持ちになるでしょう。そういうときに、耳元で声が聞こえてくるようなことはあります。そのように、幻聴《げんちょう》、あるいは、霊聴《れいちょう》が起きてくるようなことがありますが、これは悪霊や悪魔に憑《つ》かれていることが多いのです。

それから、「睡魔《すいま》に襲《おそ》われる」ということもあります。もちろん、一日中眠《ねむ》くても、別に霊的な意味はないこともあるので、その場合は、申し訳ないとは思うのですが、特に、仏法真理《ぶっぽうしんり》的な話のＣＤやＤＶＤをかけると、本当に睡魔に襲われて、話が聴《き》けなくなる場合があるのです。

例えば、先ほど述べた、幻聴が聞こえるような人に、私の説法《せっぽう》のＣＤやＤＶＤをかけると、憑いている者が聴かせないようにし始めるので、五分もたたないうちに聴こえなくなります。

以前、会社員時代の職場に、犬神《いぬがみ》に憑かれている人がいたのですが、意外に霊的な世界を知っている人で、「秘密は守るから、霊を取ってくれ」と言ってきたのです。

私は、「それなら、取らなくてはいけないかな」と思って、真理にまつわる話を録《と》ったテープ、要するに、霊言《れいげん》を聴かせてみたのですが、もう、ほんの三分もしなかったと思います。「鼻提灯《はなちょうちん》」とよく言いますが、本当に鼻提灯をつくってコロッと寝《ね》てしまったので、「ここまで、効果てきめんなのか」と感心したことがあります。

今は、初期の霊言も活字になっていると思いますが、それを録ったテープを聴かせたら、すぐにコテッと寝てしまったので、「うわあ、ここまで効果てきめんなのか」と、私もショックでした。そのように、悪霊や悪魔には、真理の話を聴かせずに眠らせてしまう力があるわけです。

そういったことは、私の講演会等でも起きます。なかには、本当に話が退屈《たいくつ》で眠っている人もいるかもしれませんが、これについては、しかたがないでしょう。

睡魔の話をあまり広げてしまうと、弟子《でし》が講師として話している際に、眠っている人がいたら、「おまえは、絶対、悪魔憑きだ」などと言って、締《し》め上げ始めたりするといけません。実際に、「退屈なのではないですか」という話もないわけではないので、その場合は、もう少し退屈ではない話をしなくてはいけないと思います。

ともあれ、「真理の話をすると、ものの見事に眠り始めて、本当に聴こえなくなる」ということは、実際にあると思うのです。

霊障《れいしょう》かどうかは、真理の本を「音読」させてみると分かる

それから、最近は教団も大きくなったため、私も直接、現場にかかわっていないので分からないのですが、最初のころには、私の本について、「活字が印刷してあるのは分かるし、読んでいると字も見えるのだけれども、意味が頭に入ってこない」と言う人がいました。

「ボーッとして、読んでも読んでも意味が入ってこない」、あるいは、「文字がチカチカして読めない」と言うのです。これは、先ほど述べた「真理の話が聴こえない」というのとまったく同じですが、「私の本が読めない」ということもあるわけです。

もちろん、読書嫌《ぎら》いで本が読めない人もいるでしょうから、そればかりとは言えません。あるいは、逆もあって、私などは、「最近の流行《はや》りの小説がとても読めない」ということがあります。若干《じゃっかん》、ややこしいのですが、「何を言っているのか、

さっぱり分からない。意味不明でストーリー不明。何のために書いているのかが分からないので読めない」ということもあるわけです。

いずれにしても、「幸福の科学から出している本を読ませてみると、読めない」ということはあります。

その意味では、「おそらく、この人は霊障《れいしょう》だろう」と思われる人がいたら、先ほど述べた、テープやCDを聴かせる代わりに、一ページぐらいでもよいので、『太陽の法』（幸福の科学出版刊）や『仏陀再誕《ぶっださいたん》』（幸福の科学出版刊）など、私の本を「少し読んでみてくれませんか」と言って音読させてみればよいのです。

一ページか二ページ読ませてみれば、霊障かどうかはすぐに分かります。霊障であれば、すぐに音読できなくなってくるからです。そういう人は、私の本を読めなかったり、読めたとしても、それを聴けなくなったりして暴《あば》れ始めます。そのように、たいてい、おかしくなってくるので、すぐに分かるのです。

霊障《れいしょう》の場合、「幸福の科学の支部」や「神社」に行くのを嫌《いや》がる

あるいは、そういう人は、幸福の科学の支部にも来にくくなります。「支部の敷《しき》居《い》をまたぐのが怖《こわ》い」と言う場合、「一般《いっぱん》的に、宗教が怖い」というだけではなくて、「霊障《れいしょう》であるがゆえに行きたくない」ということもあるのです。

例えば、家族の誰《だれ》かが当会の信者になって、支部に連れていこうとしても、「行きたくない」と言って反対したりする人もいるでしょう。そのなかには、体質的にというか、自分の頭のなかの知性の部分が「行きたくない」と言っている場合もあろうかとは思いますが、憑いている者が嫌《いや》がって、「行きたくない」と言っている場合も、かなりあると思うのです。

これは、私の説法や本などのレベルではなく、もう少しローカルなレベル、原始的なレベルでも起きることです。

最近は、徳島の川島町《かわしまちょう》への巡礼《じゅんれい》が多くなっていると思いますが、当時、私が通っ

ていた保育所（川島東保育所）が、川島神社から下りてきて、いちばん外側の鳥居まで行く坂道の途中《とちゅう》にありました。

この川島神社の御祭神《ごさいじん》については、私もよく知らないぐらいなので、それほど力のある方ではなかろうとは思います。ただ、いちおう、神社ではあって、神職《しんしょく》もいるので、誰かを祀《まつ》っており、少しは霊力《れいりょく》もあるのでしょう。

川島神社をめぐるエピソードとして、子供時代に、母からこのような話を聞きました。

徳島には犬神がいて、「犬神憑き」というものがあると言われているのですが、「あるとき、近所の犬神憑きのお祖母《ばあ》さんを川島神社に連れていこうとしたら、そのお祖母さんは、鳥居をくぐったあと、急に四つん這《ば》いで歩き出した」というのです。

川島神社に、本当に、そこまでの霊力があるのかどうかは分かりませんが、あるいは、犬神というのは、動物霊に近いものかもしれないので、神様のところへ連れていかれるのを嫌がったのかもしれません。

そのような話は、ずいぶん聞きました。そういう意味で、やはり、霊験《れいげん》はあるのでしょう。

幸福の科学の「正心法語《しょうしんほうご》」などのCDを聴《き》いても祓《はら》えない場合には

なお、当会の霊能者系の人は、みな、幸福の科学の根本経典《こんぽんきょうてん》である『仏説《ぶっせつ》・正心法語《しょうしんほうご》』のCDは、当然、聴《き》いているでしょうし、私の説法等のCDも、繰《く》り返し聴いているだろうとは思います。「霊障だ」と思って戦う場合は、たいてい、ヘッドホンをして、一晩中、『仏説・正心法語』のCDをかけたり、説法のCDをかけたりして戦っていると思うのです。

もちろん、それで、悪霊や悪魔が簡単に外れてくれることもあります。まだ、霊障が深いところまで行ってい

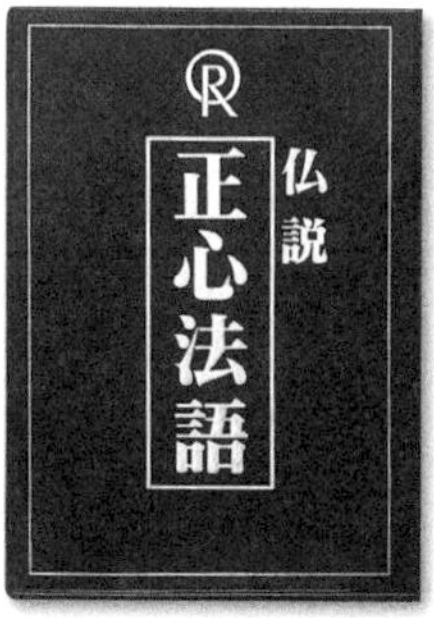

『仏説・正心法語』（宗教法人幸福の科学刊）

CD「仏説・正心法語」（宗教法人幸福の科学刊）

ない場合、『仏説・正心法語』や私の説法のＣＤを聴けば、一撃《いちげき》で外れることもあると思います。

ただ、「その人の魂《たましい》自体が腐《くさ》ってきている。腐敗《ふはい》してきている」という場合は、憑いているものと、憑かれている者とに、かなり「同質の部分」ができています。

そのように、賞味期限切れの食品のように、なかが腐敗してきている場合、そこにブンブン飛んできているハエを一生懸命《いっしょうけんめい》追い払《はら》っても、そのハエを呼んでいるのは魂の腐敗している部分であるわけです。

そのため、『仏説・正心法語』のＣＤをかけたとしても、それだけでは、「腐敗している食品に飛んでくるハエを追い払えない」というような面はあると思います。

これは、いろいろな経験があって、すべて知っている上で言っていることなのですが、そのように、祓《はら》えない場合があるのです。それは、もう、本人自身の「中身」が、かなりの部分、腐食している場合です。

例えば、いったん虫歯を治療《ちりょう》して、歯に金《きん》やその他のもので被《かぶ》せものをしたとしても、また、そのなかが虫歯になって、深いところまで歯が傷《いた》んできたら、やはり、そうした進行している部分を治さなければいけないと思うのです。

どうしても反省ができない人への対処法

ところが、深い霊障になっている人の場合、基本的に反省ができません。しっかり思い出せないこともあるし、自分が惨《みじ》めになったり、自己否定に陥《おちい》ったりするので、徹底《てってい》的に抵抗《ていこう》する傾向《けいこう》があって、反省できないことが多いのです。

反省を勧《すす》めれば、すぐにできるぐらいの人なら、先ほど述べたように、『仏説・正心法語』のＣＤを聴くぐらいで、おそらく悪霊を外せるはずです。

しかし、悪霊がもっと深く入っている場合は、反省を勧めてもできず、「自分は悪くない。悪いのは周りの人間だ」ということを言います。この場合には、もう、講演やお経《きょう》のＣＤを聴いたりするだけでは、なかなか悪霊は剝《は》がれません。要するに、本人の気持ちが向こうに近いので、そう簡単には剝がれないのです。

そして、必ず、「自分は悪くない。悪いのは他人《ひと》だ、環境《かんきょう》だ、周りだ」というように、何度も繰り返し言います。これは、人間の弱さであり、誰もが持っているものではあると思います。

例えば、繊細《せんさい》さを持っている人の場合、自分が傷つくので、必ず、そういうことを言うでしょう。また、自分の意見が通らなかったら、「不正が行われていたのではないか」というようなことを考えたりもするでしょう。そのように、誰もが、ある程度は持っているものです。

ただ、問題は、「それが常識的に認められるぐらいの範囲《はんい》にあるのか、それとも、もっと強烈《きょうれつ》なものなのか」ということです。

もちろん、絶対に自分の考えを曲げない場合でも、リーダーの資格があるような信念の人が、その強い信念に基《もと》づいてそうしていることもあります。

一方で、「この家は、柱の根まで腐ってしまっているので、台風に耐《た》えられない」というような場合もあるわけです。家の外側に、いくら防御《ぼうぎょ》するものをつくったとしても、柱の部分が腐っている場合、そう簡単にはいかないので、厳しい戦いになります。

そのように、エクソシズム系のものをやっても、現実には、救えないことはあります。少し遅《おそ》すぎたというか、あまりにも長く、どっぷりと浸《ひた》りすぎたということです。

そういう人は、たいていの場合、子供時代から、「家庭のなかに悪霊がいる」という環境のなかで汚染《おせん》されていることが多いのです。その場合、親もまた、何かも他人様や環境のせいにするような傾向を持っていることがよくあり、子供もその影響《えいきょう》を受けているわけです。もちろん、子供は、親と喧嘩《けんか》もするのですが、そういった親の影響を受けて、「基本的に反省ができないタイプ」になっていることが多いのです。

なお、どうしても反省ができなくて、「どうも、道徳的に反省させられるのが嫌だ」と抵抗する場合は、せめて、何か知識的なもので、考える材料を差し込《こ》んでいくことが大切です。やはり、人は、材料なくして考えることはできません。したがって、何か考える材料を入れることで、少しずつ、それについて考えさせていくわけです。

あるいは、先ほど述べたような、「講演が聴けない」「本が読めない」というタイプの場合、もう、かなり対応が難しいので、それよりもっと簡単な、「一転語《いってんご》」とか、「遠回しなアドバイス」とか、そういったレベルで言うしかないでしょう。そのような場合もあります。

なかには、もう本当に、挫折《ざせつ》するか、地面に顔を打ちつけるぐらいの失敗をしないかぎり、どうにもならない人もいます。もっとも、それでも治らない場合はありますが、そうなって、多少、気づく人もいるということは言えます。

霊査《れいさ》で分かってきた「身分制社会のプレアデス系の傾向性《けいこうせい》」

付け加えると、これは必ずしも霊障の問題ではないのですが、「宇宙人系のリー

●宇宙人系のリーディング　対象者の「魂の記憶」を遡《さかのぼ》り、宇宙時代の意識を呼び出して対話をすること。地球人のなかには、過去世《かこぜ》で宇宙から地球に飛来してきた者もいる。また、現在、地球に飛来しているUFOに乗っている宇宙人と交信し、対話する「UFOリーディング」なども行われている。

ディング」をいろいろとやっているなかで、●プレアデス系の魂について気がついたことが一つあります。

もちろん、プレアデス系といっても、星が幾《いく》つかあるので、すべての星が同じかどうかは分からないのですが、どうも、プレアデス系の魂を分析《ぶんせき》していると、身分制社会に生きているようなのです。

つまり、プレアデス系の社会というのは、明確には言えませんが、おそらく二割ぐらいが上流階級で、あとの八割ぐらいがその人たちを支えているような状況《じょうきょう》になっているのではないかと思うのです。

ところが、宇宙人リーディングでは、下の支えているタイプの人はあまり出てくることがなく、上の二割のほうに属している人たちがよく出てくる傾向《けいこう》があります。

そのため、そういった人たちだけの話を聞いて、「プレアデスというのは、このような星だ」と思ってしまうことがあるわけです。

しかし、一つ分かってきたことは、プレアデス系の魂を名乗っている者の場合、

●プレアデス　「昴《すばる》」とも呼ばれる、牡牛《おうし》座にある散開《さんかい》星団。プレアデス星団には、「美」と「愛」を重んじ、欧米人に近い体格を持つ人類型宇宙人が住んでいる。「魔法」や「ヒーリングパワー」が使える。『ザ・コンタクト』（幸福の科学出版刊）等参照。

「プレアデスには貨幣《かへい》経済がない」と言っているので、どうやら、「働いて、その対価としての収入を得て、身分相応《そうおう》に生きる」という考え方がないらしいのです。

要するに、生まれつきの身分によるわけです。「王家とか、そういった位《くらい》の高い身分に生まれたのだから、人から奉納《ほうのう》されるというか、貢《みつ》ぎ物を頂くのは当たり前」と考えたりします。いわば、大地主《おおじぬし》のようなものです。かつての大地主に対しては、小作人が、収穫《しゅうかく》したものの一部を納めていました。そのように、「自分自身は農作業をしない」という大地主のような人がいます。

また、お姫様《ひめさま》のような人もいますし、あるいは、現代的に翻訳《ほんやく》すると、「学歴偏《へん》差値《さち》のようなもので賢《かしこ》いのだから、みんな自分に仕《つか》えるべきだ」と言ってきたり、「〝美人偏差値〟〝顔の偏差値〟が高いから、あなたたちとは違《ちが》うのだ」という感じで、「自分に仕えろ」「僕《しもべ》になれ」というような言い方をしてきたりする人もいるのです。そのように、「どうも、プレアデスには貨幣経済がないらしい」ということが分かってきました。

そのため、昔、プレアデス系の星から、地球の日本、あるいは、ほかの国に来て、神を名乗った者もたくさんいると思うのですが、「そういう者は、いわゆる労働や貨幣経済的なものを否定する傾向が強い」ということが分かってきたのです。

そういう意味で、プレアデス系の人には、「勤勉さ」とか、「努力」とか、「働く」といったようなことを軽視する傾向はあるように思います。

また、自信を持って強く出てきて、反省ができないタイプや、「自分は、ほかの人と同じようにはしたくない」というタイプがいます。

宇宙人のプレアデス・ベガ・アンドロメダ・ケンタウルス系の「魂《たましい》のブレ」

なお、そこまで行っていないようなプレアデス系の人の場合は、「〝狐《きつね》〟変転」というか、狐風のプライドを持って騙《だま》しをする人も、一部いるように思われます。

ちなみに、日本の昔話には、狐や狸《たぬき》が化《ば》かす話がよく出てきます。

現代では、狐も狸も化かしたりはしないですし、昔の話にはいろいろなものがたくさん混ざっているため、よくは分からないのですが、いわゆる幽霊《ゆうれい》としての「動物霊」風のものや、畜生道《ちくしょうどう》に堕《お》ちた人間が取り憑いて化かしている場合もあるとは思います。しかし、もしかすると、プレアデス系で人を騙すような者が、「〝狐〟変転」しているような場合もあるかもしれないと思うのです。

あるいは、ベガ●系で正統ではない者の場合は、要するに、（ベガは）変化《へんげ》しやすい性質を持っているタイプなので、「〝狸〟変化」している可能性もあるのではないでしょうか。人を騙して、いたずらしたり、悪さをしたりするほうに、魔性《ましょう》が出てくる場合もあるかもしれないと思います。

いずれにしても、「こういったことも、魂《たましい》の傾向性としてはある」ということは、知っておいたほうがよいでしょう。

ちなみに、プレアデス系の人でも、美人や美男であったり、頭や家柄《いえがら》がよかったりすると、天狗《てんぐ》になりやすい傾向は出てきます。また、ベガ系の人でも、やや、心が曲がっているような感じになってくると、そのように見える場合もあります。あ

●ベガ　琴《こと》座にある一等星。ベガ星系に住む宇宙人は、相手に合わせて外見を自由に変えることができ、性別は男性、女性、中性が存在する。「高度な科学技術」と「ヒーリングパワー」を持つ。『ザ・コンタクト』（前掲）等参照。

るいは、アンドロメダ系の人でも、実際上、正義を掲《かか》げて戦う傾向はあるものの、強さに酔《よ》いしれると、天狗的になる傾向は出てくるように思います。

それから、ケンタウルス系の人も、知能や科学の発展を、かなり鼻にかけている人が多いので、科学万能《ばんのう》主義や唯物論《ゆいぶつろん》的な思考等に入っていきやすい傾向の人も多いように思います。

このあたりの「魂のブレ」を持っているというか、当会が教えているものから、若干、中心軸《じく》がブレている人はいると思うので、いちおう、そのあたりも、ある程度、意識はしておいたほうがよいのではないでしょうか。

●**アンドロメダ**　太陽系を含む天《あま》の川《がわ》銀河から約250万光年の距離にある、天の川銀河の約２倍の規模の渦巻《うずま》き銀河。現在、秒速約100㎞のスピードで天の川銀河と接近しており、約45億年後に衝突が始まると予測されている。『ザ・コンタクト』（前掲）等参照。

●**ケンタウルス**　ケンタウルス座の星、あるいは、そこに住む宇宙人のこと。過去の宇宙人リーディングで、α星、β星、θ星等が確認され、さまざまな種族の宇宙人がいるとされる。科学技術が発達している「知能の星」。『UFOリーディングⅡ』（幸福の科学出版刊）等参照。

4 悪魔《あくま》と邪教《じゃきょう》の嘘《うそ》つきテクニック

正しい霊覚者《れいかくしゃ》でなければ、「悪魔の正体」は見破れない

なお、先ほども述べましたが、キリスト教系の「エクソシストもの」では、悪魔《あくま》の名前を教えているそうですが、要するに、十字架《じゅうじか》を押《お》しつけたり、聖水をかけたり、『聖書《せいしょ》』を読んだりして、「言え、言え」というように、入っている者（悪魔）に名前を言わせるのを基本にしているわけです。

そのように、「名前を言わせれば、もう、エクソシズムの半分は終わったも同然で、自分の正体を知られたら、あとは退散していく」というのが基本論理なのです。

確かに、これには、ある程度、当たっているところはあります。先ほど述べた日本の昔話風に言うと、「狸《たぬき》が憑《つ》いている」「狐《きつね》が憑いている」、あるいは、「狸が化《ば》け

ている」「狐が化けている」ということを見破ったら、どうでしょうか。

例えば、きれいな女性に見えたり、和尚《おしょう》さんに見えたりしていた者が、実は、「狸だった」「狐だった」というように見破られたら、ボンと正体を現すことがあるわけです。

やはり、「それが何であるかという正体を見破れば、そこで相手の法力《ほうりき》、霊力《れいりょく》はなくなってしまう。そして、長くいられなくなって退散する」ということだろうと思います。もちろん、そうしたパターンはあるので、その意味では、使える面もあるでしょう。

ただし、こちらが正しい霊覚者《れいかくしゃ》でない場合、つまり、霊的な悟《さと》りを持っていない人がやっても、悪魔は嘘《うそ》をつき放題なのです。もっとも、先ほど述べたように、映画をつくっているほうも、そら豆のスープを吐《は》かせたり、釘《くぎ》を吐かせたり、いろいろしているので、嘘つきかもしれませんが、悪魔のほうも嘘つきなので、デタラメはたくさん言います。「おまえは○○だろうが！」と言うと、「そうだ」と言ったりすることはあるのです。その意味では、多少、疑問がないわけではありません。

例えば、あるテレビ番組で観《み》たのですが、南米のほうで悪魔祓《ばら》いをしているカトリックの人がいました。スペイン系かどこかの人だったと思います。それぞれ悪魔に憑かれて調子が悪いという女性などを、体を転がしながら、「○○よ、出ていけ！」といった感じで悪魔祓いをしていたのです。

ただ、その方の周りの生活は、普通《ふつう》の農村のように見えました。一般《いっぱん》的な農家のおばさんのような人に、バチカンで言うところの有名な悪魔が入るということは、まずあるはずがありません。しかし、「あなたには○○が入っている！　○○よ、出ていけ！」という感じで悪魔祓いをして、「治した」などと言っていたのです。悪魔も暇《ひま》ではないので、効果性の低いところにはあまり入らないはずです。もう少し効果があるところを狙《ねら》って入るでしょう。

現代のような時代であれば、悪魔は「影響力《えいきょうりょく》があるような人」や、「その人を間《ま》違《ちが》わせれば連鎖《れんさ》反応でほかのところもザーッと崩《くず》せるというような人」に入るのです。

確かに、普通の人であっても、悪《あ》しき霊的影響で病気になったり体調が悪くなったりすることはあるかもしれませんが、その程度の人には、大きな悪魔はあまり入らないのです。

そういう意味では、キリスト教系のエクソシストが述べている「悪魔の名前を言えば退散させられる」という基本論理にも、間違いはあると思います。

初級レベルの霊能者では、何が取り憑いているのかをなかなか見破れないことが多いのです。入っている霊も嘘をつくことが多いため、その嘘を信じてしまって、やられることがあります。そのように、霊の判定に間違いがよく出るので、こちらも謙虚《けんきょ》でなければなりませんし、そのあたりの「騙《だま》しテクニック」、「嘘つきテクニック」をよく知っておくべきでしょう。

こういうところを見抜《みぬ》けないのに、霊能者だからといって、自分にかかってきたものを本当だと信じ、宗教を起こしたために邪教《じゃきょう》になっているものも数多くあるので、気をつけてください。

「悪霊《あくれい》の生産工場」となっている先祖供養《くよう》系宗教の間違《まちが》い

また、悪魔やその他の悪霊《あくりょう》、悪霊《あくれい》等が、「取り憑かれている人の先祖」を名乗って出てくる場合もあります。亡《な》くなった父や母、祖父、祖母、きょうだいなどを名乗って出てくることがあるわけです。

やたらと先祖供養《くよう》ばかりをする宗教も数多くありますが、そのなかには先祖ではない霊もたくさん来ていて、「悪霊の生産工場」になっているようなものもたくさんあります。

もちろん真っ当に真理生活をしている者にとっては、先祖供養をして彼らを悟らしめるのも大事なことではあります。しかし、他人《ひと》のせいや環境《かんきょう》のせいにする気持ちで先祖供養を行《おこな》っている場合は問題があります。

例えば、「自分自身には何も悪いことはない。死んだお父さん、お母さん、お祖《じ》父《い》さん、お祖母《ばあ》さん、姉、弟、きょうだいなどが迷って祟《たた》っているのだ。いろいろな不幸の原因はそこにあるから、先祖供養さえすれば救われるのだ」という教えや、「先祖の因縁《いんねん》を切りさえすれば、あなたは幸福になれる」という教えを説くようなところもあるわけです。

密教《みっきょう》系のある宗教では、「千日間、このお経《きょう》を読んで、座《すわ》って数珠《じゅず》を擦《こす》りながら拝《おが》んでいたら、先祖の因縁が切れる」というようなことを教えていました。あるいは、「親の悪い因縁が切れさえすれば、あなたは仕事で成功する。勉強も成功する。結婚《けっこん》も成功する」などと言って、親のせいにしているのです。

確かに、親としては恥《は》ずかしいような人もいるでしょう。「勉強をしていない親」や「外見のひどい親」、「素行の悪い親」、「評判の悪い親」、「事業で失敗している親」など、いろいろいると思います。

そういうときに、「あなたの親が事業に失敗して倒産《とうさん》したのは、〝倒産の因縁〟というものがあるからだ。その因縁を切りさえすれば、あなたのほうは事業で成功する」などと言われ、まんまと騙されてしまう人もいるわけです。

しかし、そのようなものではないでしょう。〝倒産の因縁〟があるわけではなく、ものの考え方なのです。経営が成功するか失敗するかは、「考え方」と「知識」、「経験」の問題です。

したがって、こういうものも、ある意味では悪用されているパターンだと思います。


「悪い現象は、すべてがよくなる前触《まえぶ》れ」という光明《こうみょう》思想系統の騙《だま》し

あるいは、病気をしたり家族が死んだりして、悪い現象がたくさん起きてくると、「これは、すべてがよくなっていく前触《まえぶ》れなのだ。今は最悪だと思っているけれども、それは悪いことがすべて崩壊《ほうかい》していく過程なのだ。運命のケミカライゼーション（自壊《じかい》作用）なのだ。崩壊が始まっているので、あとはよくなるしかないのだ」ということだけを説くような宗教もあります。

このなかにも一定のごまかしが入っていると思います。

やはり、悪いことがたくさん続いている場合には、何らかの原因があることのほうが多いわけです。その原因をきちんと突《つ》き止めて除去しなければならないのに、「よくなるしかないのだ」というのはごまかしでしょう。

確かに、人生相談をしに来た人に、「悪いものがすべて剝《は》がれて、次はよくなっていくんですよ」と言えば、光明《こうみょう》思想風に機嫌《きげん》よくいくかもしれません。ただ、光明思想系統であっても騙《だま》しはあって、間違《まちが》った宗教はこちらのほうに入っていきます。

5　霊障《れいしょう》にならないための自己点検法

「心の持ち方を正し、生活を正していくこと」が基本

先祖供養《くよう》のなかにも、やはり騙《だま》しのテクニックがあります。「先祖の因縁《いんねん》を切って引導《いんどう》を渡《わた》しさえすれば、幸福になれる」「勘当《かんどう》して親子の関係を切りさえすれば、幸福になれる」などと思っているようなものもあるのです。

しかし、騙されないでください。基本はみな同じであり、「自分の心の持ち方をできるだけ正しいほうへ持っていき、毎日の生活を正していくこと」が大事なのです。

ささやかに言えば、「一日一善」をしていくこと、「正しい言葉」を出すこと、人間関係に間違《まちが》いがあり、まだ間に合うのであれば、「間違ったことを言いました」

と言って、きちんと「反省」するなり改めるなりすることです。

例えば、人をいじめたら、「間違った考え方でいじめたと思います。すみませんでした」と言えばよいのです。あるいは、本当は自分が仕事で間違いを犯《おか》して会社に迷惑《めいわく》をかけたのに、嘘《うそ》をついてほかの人のせいにしていたことに対し、良心が咎《とが》めたのであれば、「実は私がやりました。すみませんでした」と、きちんと謝《あやま》ることです。

こういうことをすれば、悪霊《あくれい》が長く取り憑《つ》いていることはできなくなります。

このようなものは基本的な道徳に近いかもしれませんが、まずは簡単にできることから始めてみてください。

心がそちらの方向に向いて、「自分自身を立て直そう」「悪いものから離《はな》れよう」という気持ちを持てばこそ、幸福の科学の根本経典《こんぽんきょうてん》である『仏説《ぶっせつ》・正心法語《しょうしんほうご》』や私の説法《せっぽう》の音声等にも効き目が出てくるのです。

逆に、「自分自身は、何かで簡単に助かろう」と思っているような感じの人、ある意味でのエゴイズムで霊的なものを解決しようとしている人たちには、残念ながら、そうはならないケースが多いと思います。

悪霊に憑かれると、基本的には罵詈讒謗《ばりざんぼう》や、他の人への悪口等が多くなりますし、人のせいにして自分自身の反省はしなくなります。

それから、先ほども述べたように、悪魔《あくま》が入ると非常に卑猥《ひわい》な言葉や下品な言葉をたくさん使って、聖職者のなす行為《こうい》を侮辱《ぶじょく》します。要するに、心を害するわけです。怒《おこ》らせて精神統一を乱すようなことをするので、そのあたりの特徴《とくちょう》はよく見たほうがよいでしょう。

未来科学とも関係がある「精神統一」

ちなみに、最近聞いたことによれば、宇宙人であっても精神統一は大事であり、精神統一が乱れるとＵＦＯが墜《お》ちたりすることもあるらしいのです。

ＵＦＯの操縦機械は、ロケットと違って極《きわ》めて簡単なものになっています。心の統一、精神統一とかなり連動するような装置になっているらしく、その操縦をしている人の心の波長《はちょう》に合うようにつくられているのです。

要するに、テレパシーで動くわけです。ＵＦＯは「心の念《おも》い」を感じ取って動くようなので、霊障《れいしょう》状態の宇宙人が運転すると墜落《ついらく》したりすることがあると言われています。あるいは、操縦する人が使えなくなって下船《げせん》してしまうと、ＵＦＯ自体が飛ばなくなることもあるそうです。

そのように、どうやら、「精神統一」は未来科学とも関係があるらしいので、このあたりのことも知っておいてください。

心が変わらなければ、憑《つ》いているものは、取っても戻《もど》ってくる

本章では、基本的なことを復習するようなかたちで述べました。新しいことも入っているとは思いますが、「自分は偉《えら》くなった。ずっと先まで行っている」と思っているときに、基本の部分が疎《おろそ》かになっていることがあるので、どうか、常に初心

に返ってください。

例えば、仏法真理《ぶっぽうしんり》の書籍《しょせき》を読めない。私の説法ＤＶＤを観《み》ることができない。ＣＤを聴《き》けない。幸福の科学のお経《きょう》を読んだり、聴いたりすることができない。すごい拒否《きょひ》反応が出たり、パッと席を立って逃《に》げたりしたくなる。耳を塞《ふさ》ぎたくなるようなことがある。夜に眠《ねむ》れなくなる。このようなことが起きるようであれば、「危ない」と思ってよいでしょう。すぐには変わりませんが、少しずつ少しずつ、よい方向に近づけていってください。

それから、幸福の科学の支部や精舎《しょうじゃ》には、ときどき行くように習慣づけてください。家のなかで、自分一人ですべてできると思う人もいるかもしれませんが、野狐《やこ》禅《ぜん》に陥《おちい》ってしまうことは多いので、真理を勉強している人の意見や諭《さと》しを受けるのも、非常に大事なことであると言えます。

また、私の講演会もあるので、自己チェックをしたければ参加したほうがよいでしょう。

　そのときに、心のなかに光が染《し》み渡るように入ってくれれば、あなたは正しい方向に向いていると思います。

　ところが、法話《ほうわ》を聴いても、何かが耳に被《かぶ》さっているようで聞こえなかったり、周りの人が宇宙人のように見えて、自分が孤立《こりつ》した異邦人《いほうじん》風に思えてきたり、居心地《いごこち》が悪かったりするようであれば、何かが憑《つ》いているかもしれません。さらに、鼻提灯《はなちょうちん》をつくって寝《ね》てしまうような場合には、少々危ないものも一部あります。

　いずれにせよ、自分にとって耳に痛いような肝心《かんじん》な言葉になると、言葉が聞こえなくなるようなことが起きるようであれば、これは危ないかもしれません。そのように、私の講演会に参加すれば〝実験〟できるので、たまには自己点検をしに来てください。

　もちろん、講演の勢いで憑いているものが〝ぶっ飛んでしまう〟こともあります。そういうご利益《りやく》がある場合もありますが、普通《ふつう》は、自分自身の心が変わらなければ、しばらくするとまた戻《もど》ってくる性質のものなのです。

やはり、自分自身を正さなければ、「慣性の法則」は働き続けます。

例えば、列車が猛《もう》速度で進んでいるときに、ブレーキをかけても、何百メートルも止まりません。そのようなものと同様に、自分の心の傾向性《けいこうせい》も急には止まりませんので、そういうものだと心得てください。

以上、「霊障対策の基本」についての話をしました。参考になれば幸いです。

第2章

真のエクソシスト

―悪魔《あくま》に最終的に勝つ力―

2018年5月9日　説法《せっぽう》
幸福の科学 特別説法堂にて

1　教えられる人が少ない「真のエクソシスト」

「真の降魔師《ごうまし》」「魔を降《くだ》すマスター」になるために

本章は「真のエクソシスト」という題ですが、別の言葉で言えば、「真の降魔師《ごうまし》」というところでしょうか。「魔を降《くだ》すマスター」になるための話です。

これについては、以前にも、ある程度、話をしたことがあります。

例えば、『悪魔からの防衛術』（幸福の科学出版刊）を出しましたし、今日（二〇一八年五月九日）の話と題が似ていますが、英語で話した、英日対訳の『The《ザ》 Real《リアル》 Exorcist《エクソシスト》』（宗教法人幸福の科学刊）も出しています。また、『エクソシスト概《がい》論《ろん》』や『真実の霊能者《れいのうしゃ》』（共に幸福の科学出版刊）も出しており、いろいろ出しているのです。

「こういうものは、ある意味で、ずっと出し続けないと駄目《だめ》なのではないか」と思っています。バリエーション（変化形）があり、少しずつ変わるので、違《ちが》ったタイプやかたちのものになってくると、混乱したり、分からなくなったりすることもあるからです。

「正しい道」を悟《さと》る人が多く出ることが大事

また、これについて教えられる人は、それほどいないのです。

キリスト教あたりであっても、イエスがやったあと、二千年間、正確に教えられる人はいなかったのではないかと思います。

ただ、悪魔祓《ばら》いの儀式《ぎしき》をやっていて、たまに能力を発揮

『悪魔からの防衛術』（幸福の科学出版刊）

『The Real Exorcist』（宗教法人幸福の科学刊）

『エクソシスト概論』（幸福の科学出版刊）

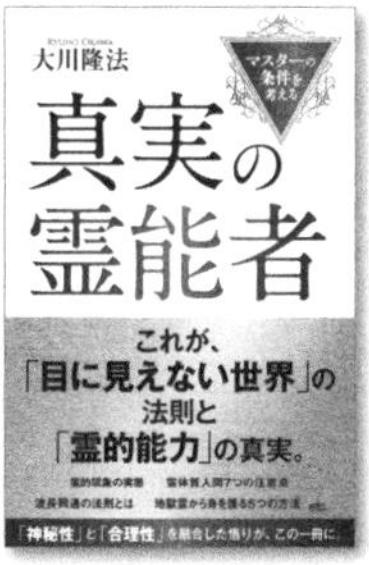

『真実の霊能者』（幸福の科学出版刊）

する人が出たりはしていたため、かたちはできたように思います。西洋版のエクソシスト系のもの、あるいは、ホラー系のものを観《み》ていると、ある程度、かたちは決まっています。しかし、「どこまで分かっているのか」ということについては若干《じゃっかん》の疑問があるのです。

仏教系も同様です。そういうことを明らかに分かっていた人もいますが、分かっていない人もいたのではないかと思います。

例えば、弘法大師空海《こうぼうだいしくうかい》は、おそらく、真のエクソシストに関することをよく分かっていただろうと思います。「どのようにして、悪霊《あくれい》や悪魔を追い出したり、調伏《ちょうぶく》したりするか」ということを、たぶん、よく知っていたと思いますし、「そのために、どのような修行《しゅぎょう》が要《い》るか。どのような悟《さと》りを得る必要があるか」ということも、おそらく、知っていたのではないかと思われます。

一方、やや〝緩《ゆる》い〟ものも多く、「分かっていない」と思われるものもあります。「それが歴史的にどうであったか」ということについては、いろいろと難しいところはあるのです。

現代に置き換《か》えれば、「新宗教」といわれるものの場合、比較《ひかく》的、嫌《きら》われることが多いのは事実なので、幸福の科学も例外ではなく、いちおう、その対象にはなるわけです。

新宗教が嫌われる理由の一つとして、次のようなことがあります。

天使や神、仏の力が本当に与《あた》えられているのなら、「尊い感じ」や「清められる感じ」が出てくるだろうと思うのですが、その教団に実際に通い、活動していたら、何かおかしくなってくる感じや、人格が変化してくる感じがして、「やめたほうがいいよ」と周りが言いたくなるような変化が出てくる場合も多いのではないかと思います。

教団が丸ごとズボッと、悪魔の網《あみ》にかかっているようなところもあります。それでもかなり大きくなった教団もあるのですが、そういうところについては、もう、はっきり言って、救い切れないのです。

信者数を公称《こうしょう》何十万とか何百万とか言っている教団で、ズボッと悪魔の術中にはまっているようなところもあります。そういうところだと人数がかなり多いので、信者が死んだあと、そうした宗教の地獄《じごく》もあるぐらいです。そこから救い出すのは簡単なことではありません。

そういう意味で、生きている間には、正しい道と、そうではない道と、どちらにも行く可能性があるわけですが、「正しい道を悟る人が、できるだけ多く出る」ということが大事なのではないかと思っています。

2　不成仏霊《ふじょうぶつれい》が現れやすい「場所」

不成仏霊が長く地上にいると「障《さわ》り」が起きてくる

映画「夜明けを信じて。」（製作総指揮・原作　大川隆法、二〇二〇年十月公開予定）には、「降魔成道《ごうまじょうどう》」のシーンも出てくるのですが、現実問題として、つくづく、「降魔は本当に難しいことだ」と思います。

そもそも、あの世を信じられない人もいれば、霊的《れいてき》な感覚が分からない人も大勢いるのですが、そういう人たちには、（霊的な話を）まったく鼻であしらっているようなところもあると思います。そのなかには、科学者や医者も入っていると思いますし、哲学者《てつがくしゃ》や普通《ふつう》のビジネスマンも入っていると思います。そのため、〝表〟の世界では、「バカバカしい」と扱《あつか》われることがそうとうあるだろうと思うのです。

しかし、現実には、霊の力は確実に働いています。

通常、死んだ人が死後の行き先が分からず、迷っているような場合には、その霊を「不成仏霊《ふじょうぶつれい》」と言います。大きな意味では「悪霊《あくれい》」と言ってもよいのですが、不成仏で行き先が分からず、天上界《てんじょうかい》に上がれないでいる霊です。

そういうものが長く地上にいると、「障《さわ》り」が起きてきます。要するに、死後の世界について、まったく知識がなく、その存在を信じてもいなかったため、死後、行き場がなくなり、家族や友達、会社関係の人などのところ、あるいは、土地や家に関係するところに居座《いすわ》っているので、いろいろな霊現象が起きてくるのです。

それによって、なかにいる人がだんだんおかしくなってきたりするようなことが多いわけです。

不成仏霊《ふじょうぶつれい》がいるのは「特定の場所」や「家族関係のところ」

日本と欧米《おうべい》で、「エクソシストもの」や「ホラーもの」に共通することは「場所」

です。場所にかかわる悪霊が出てきて、祟《たた》るものがあるのです。

例えば、「ある家に引っ越《こ》してきて住んだら、悪霊にやられる」というようなパターンです。そういう所には、たいてい、その家で殺されたり非業《ひごう》の死を遂《と》げたりして、まだ迷っており、その場所に愛着を持っている者がよくいます。

「西洋もの」では、家にまつわるものが日本より少し多いように思うのですが、これは、家の耐用《たいよう》年数の問題かと思います。

西洋には石造りなどの堅固《けんご》な家が多いので、百年を超《こ》えた家や二百年ものの家などがけっこうあり、築年数の長いものほど値打ちが上がります。そして、「幽霊《ゆうれい》が出る」となると、余計、値打ちが高くなったりすることもあるのです。

アメリカは歴史が浅いので、「ゴーストハウス」というか、「幽霊憑《つ》きの家」と言うと、由緒《ゆいしょ》正しき家で伝統があるように見えて、「値段が高くなる」という説もあります。これは趣味《しゅみ》にもよるでしょう。

イギリスあたりでは、お城のような所にはほとんど幽霊が出るので、幽霊が出る家だと値段が高い面もあります。

日本の家の場合は、耐用年数が非常に短いために、すごく古い家が遺《のこ》っていることは少なく、欧米に比べれば、比較的《ひかく》、家にまつわるものは少ないのではないかと思うのですが、それでも、あることはあります。そこで自殺した人がいる所や、殺人が行われた所などがそうです。

日本でも外国でも共通しますが、殺人が行われたり、自殺した人がいたりするようなホテルに泊《と》まると、そうした人の幽霊に襲《おそ》われることもあります。そして、その場所を縁《えん》として、霊が取り憑いてくる場合もあるのです。

学校もそうです。学校でのいじめや暴力によって自殺したり、殺されたりした子の場合、あの世のことを教わっていないですし、親も（霊として）迎《むか》えに来ないため、子供のままで学校にずっと居続けることがあります。そして、同じような心境の子、例えば、いじめられっ子や自殺したくなっているような子を導き入れるのです。そのような者もいることはいます。これは、学校の怪談《かいだん》系統でよく出る話です。

　そのように、「場所」に特定されるものもあります。

　それから、「家族関係」で縁があったものの場合には、逃《のが》れられない面がありま す。

　例えば、両親の両方、または片方が亡《な》くなった場合や、お祖父《じい》さん、お祖母《ばあ》さん、きょうだいなどが亡くなった場合で、亡くなった人が迷っているときには、やはり、基本的に家族のあたりを頼《たよ》ってきます。

　これには、「あの世のことを知っており、救われたくて来ている場合」と、「あの世のことが分からなくて、行く場所がないために来ている場合」の両方があります。

　ただ、人はみな、ある程度、霊感があることはあるので、不成仏《ふじょうぶつ》の家族等が取り憑いていたりすると、何となく嫌《いや》な感じがしたり、人に嫌《きら》われたり、仕事がうまくいかなくなったりします。そのようなケースはよくあります。

　そういうこともあり、まずは、不成仏霊の供給源を断《た》たなければならないので、「人間は、あの世、天上界で暮らしているが、やがて、親を選んでこの世に生まれて生活し、その間の心と行いによって、人生の正邪《せいじゃ》が判定され、死んだあとに行く場所が決まる。そのようなシステムが実際にあるのだ」ということを、私はお教えしています。

しかし、あの世や霊は目に視《み》えませんし、手で触《さわ》れないので、なかなか信用してもらえないことが多いのです。

「コックリさん」で最初に来る霊《れい》とは

西洋の映画等には、西洋版の「コックリさん」というか、霊《れい》を呼んで、文字盤《ばん》のようなものの上で手を動かしているうちに、悪魔に取り憑かれるパターンのものもよくあります。

日本の場合、「コックリさん」あたりで大きな悪魔に憑かれることはあまりないと思います。そのときに来ているのは、たいてい動物霊であることが多いのです。

欧米の家にはよく地下室があり、そこに、死んだ人を呼び出す儀式《ぎしき》の場があったりしたため、たぶん、昔、そこに縁のあった不成仏霊がいたりして、手引きをするのだろうと思います。

最初は、人間の不成仏霊、身内や土地関連の人の悪霊あたりが来て、取り憑いたりします。

しかし、取り憑かれている人が、社会的に問題を起こしたり、周りに不幸を拡大したりすることによって、「〝一定の武器〟になるというか、そういう使い道があるタイプの人だ」と思われた場合には、次第《しだい》に、〝もっと大きいもの〟が来るようになることもあります。

また、霊好きであっても、下手《へた》に生半可《なまはんか》なかたちで好きすぎると、もっと霊が寄ってくることもあり、面白《おもしろ》がっているうちに、だんだん、本物の大きいものが〝起きて〟きて、出てくることがあります。

このへんが、気をつけなければいけないところです。

学校などで子供たちが「コックリさん」のようなことを行い、日本語の「あいうえお」などと一緒に数字や「○」と「×」、鳥居を書いたものの上で、十円玉などに手をつけていると、手が動いたりします。

そうやって遊んでいるうちに、だんだん、文字で示される内容が変わってきて、「死ね」とか「飛び降りろ」とか言い始めたりして、「ギャー」というようなことになります。それが、たまに新聞の三面記事に載《の》る場合もあります。

そのため、学校では「コックリさん」を禁止したりすることも多いのです。

3　「憑依《ひょうい》の原理」とその実態

地獄霊《じごくれい》は「心に共通項《こう》がある者」に乗り移る

「霊《れい》として何がかかってきているか」ということについては、いろいろな場合がありますが、私たちのように宗教をやっている者の場合には、身内や関係者だけではなく、本当の悪魔《あくま》に狙《ねら》われることもあります。敵は多いのです。

この地上の、ある意味での支配権をめぐっての大きな戦いがあります。天上界《てんじょうかい》と地獄界《じごくかい》の戦いがあるのです。

この地上の世界は、地獄の世界から見ると、「海の浅瀬《あさせ》でサメなどが泳いでいるのに、その上でボートやゴムボートに乗って子供などが遊んでいるようなもの」であり、「海に落ちてこないか」と思って狙い、サメなどが下で泳ぎ回っているようなところがあります。地上の世界と地獄とは、そのくらいの距離《きょり》の近さではあるのです。

地獄霊のなかには、地獄に長くいて、もう完全に悪魔と化している者も多くいますが、死後、まだ五十年や百年ぐらいで、それほど年数がたっていない霊であれば、「地上に帰りたい」という執着《しゅうちゃく》があります。それで、「何とか取っ掛《か》かりがないか」と思って探していき、「心に共通項《こう》がある者に乗り移る」というかたちでの憑依《ひょうい》をすることがあるわけです。憑依していると、一時期、地獄の苦しみから逃《のが》れて、人間になったような気持ちになれるのです。

通常、長期間にわたって憑依することはできないのですが、一日のうちの一時期であれば、取り憑《つ》くことができます。

日中が駄目《だめ》な場合には、だいたい、人が寝静《ねしず》まるころになります。夜中とか明け方とか、そのようなときに狙ってきて、金縛《かなしば》りを起こしたり、悪夢を見せたりします。また、脂汗《あぶらあせ》をかいて苦しむようなことを起こしたり、多少、ポルターガイスト

（騒霊《そうれい》現象）的なことを起こしたりする場合もあります。

これは、取り憑かれる側にとっては厳しいことです。

地獄《じごく》からは生まれ変われないため、地上の人に憑依《ひょうい》する

結局、「これが表している現象は何か」というと、次のようなことが言えます。

西洋の「悪魔もの」では、「悪魔が赤ちゃんに宿って生まれる」という考えもかなりあります。映画「ローズマリーの赤ちゃん」（一九六八年公開／パラマウント映画）もそうですし、映画「オーメン」（一九七六年公開／20世紀フォックス）では、「666《ろくろくろく》」という数字が頭部に刻まれた、悪魔の子が生まれてくるのです。

もし、このように、悪魔や悪霊《あくれい》が魂《たましい》として女性の子宮に宿り、この世の人間に完全に生まれ変わることができるのであれば、憑依《ひょうい》する必要はなく、肉体に宿れば、それで地獄《じごく》から出られることになります。しかし、実際は、「そのようにして出られないから、憑依するのだろう」と私は基本的に思っています。

「地獄にいる状態では、母親の子宮に宿って生まれてくるのは、かなり困難なのではないか。一定のレベルまで心の平静を取り戻《もど》し、天国的状態というか、最低でも四次元の精霊界《せいれいかい》ぐらいのレベルまでは上がらないと、生まれ変わるのは難しいのではないか」と考えています。

それが、「憑依の原理」の存在理由だろうと思うのです。

もし、「悪魔や悪霊になっていても、女性のお腹《なか》に宿って生まれ変われる」ということでしたら、悪魔の子がどんどん生まれてくるようなことになります。そうなると、おそらく、この世はもっと救いがたい世の中になるでしょう。

「犯罪時の記憶《きおく》がない人」に起きていること

地獄界は、地上に非常に近いところにあるので、地上の人は地獄界からの霊的影《えい》響《きょう》を受けています。そして、共鳴してくると、地獄霊は地上の人に取り憑き、地上の感覚を味わうことができるわけです。

●精霊界ぐらいのレベル……　あの世（霊界）では、各人の心境と悟りに応じて住む世界が分かれ、地球霊界では四次元から九次元まである。精霊界は、地上生活の習慣は抜け切っていないが、「自分が霊的存在であることを悟っている」段階。地獄は四次元の一部。『永遠の法』（幸福の科学出版刊）等参照。

意識がなくなるタイプの精神障害等では、例えば、「人を刺《さ》しているときに自分の意識がない」ということがあります。これは、おそらく、本人の魂が体から抜《ぬ》けていて、そこに悪い霊に入られているのです。そして、人を刺し、そのあと、その霊が抜けて元に戻ると、人を刺したときの記憶《きおく》がないわけです。

裁判では法律によって裁いてはいるのですが、憑依の問題があるので、けっこう難しいのです。もちろん、刑法《けいほう》等では、「責任能力」がない場合、要するに、精神的に自分で自分を支配できていないような状態においては、罪にならないことや罪が軽減されることもあります。医者の診断《しんだん》その他によって、そういうこともあることはあるので、例外的なケースがあることは、ある程度、分かってはいるのです。しかし、宗教的な意味でのそれを証明するのは、若干《じゃっかん》、難しいのではないかと思っています。

こういうことがあるので、けっこう厳しいところがあります。

霊的《れいてき》な影響《えいきょう》を受けている人の「善悪の判定」は非常に難しい

「霊的《れいてき》な影響《えいきょう》を受けている人」というのは、その「周りにいる人」がどのような人かによって、その人が「認められる人生」を生きられるかどうかが決まるところもあります。そのため、その人の善悪の問題というのは、判定が非常に困難です。周りが「おかしい」と思えばおかしく見えるし、信じる人がいれば護《まも》られることもあるので、難しいのです。

幸福の科学を始めた当初、三年間ぐらい、「入会願書制度」を設《もう》け、「入りたい」と言う本人が書いた願書を私のほうで見て、合否を判断していたことがあります。

その願書のなかには、精神病棟《びょうとう》に入っている人から来たものもあって、読んだところ、「東京大学の法学部の先輩《せんぱい》だ」という人でした。

もともと、その人は結婚《けっこん》もしていて、仕事もしていたのですが、霊の声が聴《き》こえたり、いろいろなことが起こり始めたりしたため、それを周りに言っていたら、

「家族から見ても、『これは絶対におかしい』ということになり、精神病院に連れて行かれ、放り込《こ》まれてしまいました」というのです。

そこで、「何とかならないでしょうか。精神病院から助けてください」と言ってきたわけです。ただ、これは、こちらも仲間にされる恐《おそ》れのある微妙《びみょう》なケースで、別に、「(同じ)大学を出ているから許してくれる」といったものでもありません。

その意味で、周りが、「この人はおかしい」と判定するかどうかというのは非常に難しいところなのです。

そのように、霊的なものがかかってくると、その行為《こうい》のなかには、この世的に見て、奇行《きこう》に見えるものがそうとうあるので、それを、「常軌《じょうき》を逸《いっ》している」と見るか、「このくらいは経験則的にありえる」と見るかという問題があるわけです。

4 戦い方①——危険を伴《ともな》う外科《げか》手術型エクソシスト

バチカン系の「エクソシスト」の怖《こわ》い事例

悪霊《あくれい》の影響《えいきょう》を受けている人というのは、確かに、「エクソシストもの」でよく出てくるように、暴力を振《ふ》るったり、奇声《きせい》を発したりします。

また、自分の体を傷つけて血を流すような自傷行為《こうい》をなすこともありますが、怖《こわ》いのは、加害する場合でしょう。殴《なぐ》ったり蹴《け》ったり、バットを振り回したりして、他人《ひと》に害を与《あた》えるようになってきたら怖いのです。

とにかく、完全に、自分で自分をコントロールできない状態になったら、やはり、周りの人は何らかの防衛をしなくてはいけません。医学的に、鎮静剤《ちんせいざい》のようなものを飲ませておとなしくさせるか、あるいは、最近は非常に難しいようですが、客観的証拠《しょうこ》があって、バチカンのほうから許可が下りれば、エクソシストによる除霊が許されることもあります。

ただ、エクソシストがやったときには、かなり激しくなる場合があって、お祓《はら》いをしているときに、暴力が生じてくることがあるのです。

そのため、私が学生のころの憲法判例《はんれい》にも、「除霊をしていたら、相手が暴力を振るってきたので、こちらもやり返しているうちに相手が死んでしまった。この事件について、信教の自由との関係で、どのように判断したか」というような判例がありました。

その判例では、「除霊というのは、信教の自由のなかに入っているかもしれないけれども、『相手を死なせてしまうところまでやる』というのは、やりすぎだ」ということで、やはり、有罪になっていたと思います。

その意味では、除霊師をやっていても、相手が向かってきたり暴《あば》れたりすることもあれば、ときには、獣《けもの》のようになる場合もあるので、なかなか難しいのです。したがって、多少、力で押《お》さえ込《こ》まなくてはいけないときもあるかもしれません。

例えば、精神病院などでもよくあるように、本当に、当人の手足を縛《しば》ったり、体を何かに縛りつけたりしなければ、ものすごい力を発揮する場合があります。

あるいは、バチカン系の「エクソシストもの」にも、革バンドのようなもので縛って、体を拘束《こうそく》するシーンが出てきますが、そうしなければ、怪力《かいりき》を発揮することがあるのです。

「異言《いげん》」を語る悪魔《あくま》の場合、『聖書《せいしょ》』・十字架《じゅうじか》・聖水だけでは難しい

そのように、欧米《おうべい》系の悪魔《あくま》は念力《ねんりき》が強いので、もう一段、物理的なフォース（力）が出るのかもしれません。そうした「エクソシストもの」の映画には、人が浮《う》き上がって天井《てんじょう》にへばりついたり、壁《かべ》を斜《なな》めに走ったりするようなシーンも出てきます。

私は、そのようなケースはまだ見たことがないので、それが本当にあるのかどうか分かりません。広い世界ですから、もしかしたら、あるのかもしれませんが、今

のところ、重力に逆《さか》らって天井にへばりつき、ヤモリのように這《は》ったり、裏返って階段を逆さまに歩いたりしているところは、さすがに見たことがないのです。

ただ、考えられるかぎり、自分の体を傷つけたり、人につかみかかってきたり、人を罵《ののし》ったり、あるいは、「異言《いげん》」と言われる、知らない言葉を話したりすることはあります。その場合、聖霊《せいれい》が語っていることもあるのですが、悪魔がかかってきて語っている場合もあるわけです。

異言のなかで、ラテン語のようなものを話すこともありますが、その場合にも、悪魔であることはあります。

そうしたラテン語を読めたのは、だいたい、紀元後から中世ぐらいまでの神父《しんぷ》や修道士《しゅうどうし》などの聖職者階層の人です。そのような人は、やはり、エクソシストを行うときも、ラテン語の『聖書《せいしょ》』を読んだりしていましたが、悪魔のほうも、それを話すケースが出てきています。

また、アラム語という、「イエスが話していた」と言われている言葉があります。

イエスの弟子《でし》たちのなかには、ガリラヤ湖畔《こはん》の漁師が多いのですが、漁師たちも、ほぼ、アラム語を話していました。アラム語は、イエスの出身地あたりの言葉なのです。

そのため、「イエスの説教は、だいたい、アラム語で話された」と言われていますが、異言現象のなかで、アラム語が出てくるケースはよく出ているようです。私もいちおう話せるのですが、そういう現象が出てくることがあります。

あるいは、それ以外のもっと古い、古代メソポタミアの言語や、エジプトの言語が出てくるような場合もあります。

その場合、聖霊が語っていることもあるのですが、そうでないこともあります。そのくらいの古さの言葉を操《あやつ》るとなると、普通《ふつう》の悪霊ではないので、大きな悪魔と見てよいと思います。

それは、昔の僧侶《そうりょ》階級とか、王様とか、王様に近いレベルの高官あたりの人で、地獄《じごく》でも、ある程度の権力を持っているようなタイプの人でしょう。そういう人の霊が来ている場合が多いと思います。

こういう霊人《れいじん》たちに『聖書』と十字架《じゅうじか》と聖水だけで戦えるかというと、なかなか厳しいものがあるのではないでしょうか。そのような感じがします。

5 戦い方②——〝漢方薬〟的な防衛込《こ》みの方法

慢性《まんせい》的な悪霊《あくれい》・悪魔《あくま》の攻撃《こうげき》から身を護《まも》る方法

そうした外科《げか》手術的な〝緊急《きんきゅう》オペ〟のような戦い方もありますが、これはけっこう事故率が高いので、もう一つには、〝漢方薬〟的にゆっくりと効いてくるような戦い方もあるだろうと思います。

やはり、日ごろから、丁寧《ていねい》に防衛しておくことが大事ではないかと思うのです。「日ごろから道徳を」などというと、バカにされるかもしれないし、宗教も、そういう意味で、バカにされることはあると思います。しかし、「正しい信仰心《しんこうしん》を持って、規則正しい生活をする。仕事等を正し、乱れた生活をしないように気をつける」ということが、慢性《まんせい》的な悪霊《あくれい》・悪魔《あくま》の攻撃《こうげき》から身を護《まも》るためには重要なことでしょう。

仏教などで言う戒律《かいりつ》も、現代人に言うと、「ちょっと勘弁《かんべん》してくれ」というものは多いとは思います。

例えば、金銭欲のようなものを否定したり、異性に対する欲を否定したり、「嘘《うそ》をついてはいけない」「酒は飲むな」「人を殺してはいけないし、傷つけてもいけない」と言ったり、そうした不殺生《せっしょう》等を動物にまで広げたりする場合もあります。

そのため、現代的には、なかなかスパッと守れないものはあるだろうとは思います。しかし、そういうことを言うのは、一定の効用があるからなのも事実なのです。

要は、「人格崩壊《ほうかい》に導くような、転落のきっかけになることが多いので、気をつけなさい」ということでしょう。

酒や麻薬《まやく》・覚醒剤《かくせいざい》系統が起こす理性麻痺《まひ》の危険

なお、戒律の対象として、昔は「お酒」を挙げていましたが、今であれば、例えば、異常に激しい喫煙《きつえん》、あるいは、アメリカなどでは少し緩《ゆる》いようですが、麻薬《まやく》、覚醒剤《かくせいざい》系統のものもそれに当たるでしょう。日本ではまだ厳しいですが、アメリカでは、大統領経験者にも、「大麻をやったことがある」などと言う人がいたりして、そういったものを認めようとするような緩い動きは、けっこうあると思います。

しかし、こういうものには、理性を麻痺《まひ》させて一時的快楽をつくる面はあったとしても、場合によっては、危ないこともあると思います。やはり、理性を麻痺させて〝よい〟ことというのは、「悪霊が憑《つ》きやすい」ということでしょう。

例えば、酒場などには、そういった不良な霊というか、無頼漢《ぶらいかん》霊のようなものがそうとういるので、お酒を飲みすぎたりすると取り憑かれることがあります。その意味では、「適度の量を越《こ》さない。夜は遅《おそ》くなりすぎない」というぐらいの規律は要《い》るのではないかと思います。

正体不明になるところまで行くと、人格が変わってしまって、誰《だれ》が話しているか分からないという場合もありましょう。そのように、ときどき、夜道で見かける浮《ふ》浪者《ろうしゃ》のようになって、呑《の》んだくれている人もいれば、公園や駅のベンチ等で、グデングデンに酔《よ》っ払《ぱら》い、正体不明になって叫《さけ》んでいる人もいます。

こういう人は、理性も失っていますが、酔っ払っているなかに悪霊に入られている可能性が高いと思います。飲酒でグデングデンになっている状態だと、理性が働かなくなっているので、本当に悪霊が憑依《ひょうい》しやすいのです。

ちなみに、私も過去、商社勤務時代には、付き合いでお酒を飲まなくてはいけないときもありました。その経験からすると、普段《ふだん》なら、高級霊を呼べばすぐにつながってやって来るのに、酔っ払っている状態になると、呼んでも来ないケースが多かったですし、霊がかかってきても、「来ている者が何者であるかが判定できない。分からない」という状態になるのです。

その意味では、あまり、度を越した量のアルコールを摂取《せっしゅ》したあとで霊言《れいげん》現象等を行うのは、やはり、危険度が高いかと思います。おそらく、麻薬や覚醒剤なども同じではないでしょうか。そのようなものをやると、人為《じんい》的に霊能者のような状態になるのだろうと思います。

例えば、インドあたりに行っても、ヨガの修行者《しゅぎょうしゃ》たちのなかには、麻薬をやっている人はけっこういるので、おそらく、〝トリップ経験〟のようなものをしているのでしょう。このなかには、ある意味で、体外離脱《りだつ》のようなことをして、霊界《れいかい》に行っている場合もあれば、本当にかかってくるものがあって、声が聴《き》こえてきたりする場合もあります。

本来は、坐禅《ざぜん》をして、そういう道を開かなければいけないのだろうと思います。しかし、それは面倒《めんどう》くさいし、麻薬や覚醒剤が売られているので、「これだったら経験できる」と言われて、安易に、そのような体験をしているのではないでしょうか。その意味では、あまり深く信用することはできないとは思っています。

このあたりは、古い宗教とかかわりがあるものも多いので難しいのですが、やはり、生活を正していくことは大事なのではないかと思うのです。

自分の「隙《すき》」を知り、この世的に解決できるものは解決する

それから、悪霊や悪魔が家族系統を狙《ねら》ってくる場合、「弱いところはどこか」ということを、いつも見ている感じがします。そのため、家族のなかで弱いところがあれば、必ず襲《おそ》ってくるわけです。

例えば、狼《おおかみ》が羊《ひつじ》を狙うときには、子羊や怪我《けが》をしている羊、あるいは、群れからはぐれやすいタイプを狙ってきます。やはり、「組織の文化になじめずに、一匹《ぴき》狼になって、はぐれているようなタイプ」や、「家族のなかで、一人だけ外れているようなタイプの人」というのは、狙いやすいのです。

そのようなわけで、本当に、「勝手口から入ってくる」という感じで、裏側から、いちばん襲いやすいところを狙ってきます。泥棒《どろぼう》が侵入《しんにゅう》してくるのと同じかもしれません。どこに隙《すき》があるかは、家をグルッと回って見てみれば分かるのです。

例えば、「窓を破って侵入できる」とか、「勝手口から入りやすい」とかいうこと

れているのを見て帰っていったりします。あるいは、「合鍵《あいかぎ》は、いつも、玄関《げんかん》のポストのなかに入れている」とか、「植木の下に入れている」とかいうことを知れば、その鍵でドアを開けて入ってきたりするでしょう。そのようなかたちで、家庭のなかに入ってこられるケースは多いのです。

要するに、肉体を一つの家にたとえれば、「窓ガラスを破ってくる」というあたりから始まって、次は「ドアが壊《こわ》れる」、その次は「柱が折れる」、あるいは、「壁《かべ》が崩《くず》れる」「屋根に穴が開《あ》く」というように、いろいろなところから隙は出てきます。

「耳なし芳一《ほういち》」の話で言えば、「芳一は、平家《へいけ》の悪霊《あくりょう》にさらわれないように、全身にお経《きょう》を書いてもらったが、耳だけは書き忘れられたため、耳をちぎられた」という話がありました。あのように、「隙のあるところを狙ってくる」のが悪霊《あくれい》や悪魔の常套《じょうとう》手段です。

やはり、人は生きている過程で、どうしても悩《なや》みを持ちます。自分の「悩みとは何か」「隙とは何か」を知りたければ、「一日のなかで、ボーッとしているときに、繰《く》り返し考えているようなことは何か」ということを思い出せばよいのです。

それは、あなたの心配事か、解決がつかないで困っていることでしょう。そのように、繰り返し出てきて考えているようなことが、たいていの場合、悩みの根源なのです。そうした取っ掛《か》かりがあれば、そこから入ってくるものがあるわけです。

したがって、一つには、「この世的な意味において、隙をつくらない。この世的に解決できるものは、解決する」ということが大事です。この世的には、そうした隙を一つひとつ消し込《こ》んでいく努力はしていただきたいと思います。

他人《ひと》や環境《かんきょう》のせいにせず、正邪《せいじゃ》を判定する自力を

その際、解決がつかない場合には、「多少、自分よりも見識のある人、経験のある人等の意見も参考にして、ある程度、その判断に考え方を合わせていく」という手もあるだろうと思います。

ところが、悪霊に取り憑かれやすいタイプの人の場合、けっこう優柔不断《ゆうじゅうふだん》で、意見が非常に揺《ゆ》れるため、相手の意見に左右されることがあります。そのため、霊がささやいてきたら、それに動かされやすいのです。

そういう意味では、自分のほうで意識的に、「知識」や「経験」の力、そして「胆力《たんりょく》」、全体から来る魂《たましい》の力によって、「正邪《せいじゃ》を判定する力」をつけていけば、それほどやられずに済みます。そのような力がないと、当たり前に、簡単に解決していく問題が解決せずに、大きな問題に増幅《ぞうふく》してくることがあるのです。

「この世的能力が低いタイプ」や「優柔不断なタイプ」、あるいは、「幹と枝、大と小を取り違《ちが》えるタイプ」の人[illegible]、能力を超《こ》えた責任がかかってくると、悩乱《のうらん》して迷走《めいそう》し始めるので、そういうところに「隙」が出てくるわけです。

そして、他人《ひと》から悪口を言われたり批判されたりすると、傷ついて、それで頭がいっぱいになったり、憎《にく》しみが湧《わ》いてきたりします。

だいたい、心が小さい場合は、「自分の責任」として受け止めることができないので、必ず、「他人のせい」や「環境《かんきょう》のせい」にします。親のせいやきょうだいのせい、あるいは、学校の先生のせい、職場の上司や同僚《どうりょう》のせいなど、いろいろなもののせいにすることになるわけです。

もちろん、そういった人たちが、まったく関係がないとは言えません。実際に関係していることもあるかもしれませんし、環境が悪いこともあるだろうとは思います。しかし、基本的に、何度もお教えしているように、まずは、自分自身を振《ふ》り返って、自分のできることから物事を進めていくことが大切です。

確かに、他人様の助けはありがたいのですが、やはり、「自分でできることから解決していこう」と努力している人は、他の人も助けやすいし、天上界《てんじょうかい》の霊も助けやすいということは知っておいたほうがよいでしょう。

例えば、「自分が不幸なのは、すべて、お父さんが会社をクビになったからだ。そのせいでこうなったのだ」とか、「お母さんが、こんな悪い性格を持っているから、こうなったのだ」とか、「お祖父《じい》さんが交通事故を起こしたから、そのあと、家が傾《かたむ》いた」とか、いろいろなことはあるでしょう。

あるいは、「学校のクラスで学級委員をやっていた人が意地悪だったために、私は学校で、いじめられっ子になって、不登校になった」ということもあるかもしれません。

そのように、理由は、いちいち聞いてあげなくてはいけない面もあるかとは思いますが、最終的に見ると、やはり、本人自身に「自力更生《こうせい》していこう」という傾向《けいこう》性がある場合は、助かる可能性が高いのではないかと思うのです。

「謙虚《けんきょ》な心」が自分を護《まも》る理由

また、多少なりとも、霊能力を持っているような人の場合、悪霊との戦いが起きることもあるので、そのときには、慢心に気をつけなくてはいけません。

もちろん、弱い霊なら勝てることもあるでしょう。しかし、〝悪霊飛ばし〟をやっているうちに、だんだんに、その人の手に負えない強い霊が出てき始めるのです。

やはり、限度はあって、自分の手に余る霊が出てくるのです。そのときに、慢心したり、自惚《うぬぼ》れたり、あまり自分のことを偉《えら》い神様、仏様、高級霊だと思ったりしていると、やられているのが分からないことがあるので、このあたりには気をつけていただきたいと思います。

「謙虚《けんきょ》な心」というのは、「そのほうが道徳的によいから」というだけで言っているのではありません。常に、謙虚な心を維持《いじ》することで、自分自身を護《まも》れる部分があるわけです。したがって、そこは護ってください。

それは、戦《いくさ》で言えば、「匍匐《ほふく》前進」ということかもしれません。頭を低くして、低い姿勢で這《は》っている状態は弾《たま》が当たりにくいでしょう。それと同じで、謙虚な姿勢を取り続けることで、向こうの弾が当たりにくくなるわけです。

しかし、すぐに出来上がってしまう人、自惚れたり、「そうなんだ、俺《おれ》がやったんだ。俺の力で、ここまで来たんだ。どうだ！」というように、お酒を飲んで自慢したりしたくなるようなタイプの人というのは、〝撃《う》ち落とす〟のは簡単なのです。

そういう、客観的に自分を見ることができないタイプの人は、狙えば〝撃つ〟のは簡単です。

狩猟《しゅりょう》、ハンティングとほとんど同じで、立ち止まって、すごく背伸《せの》びをしているように見えていたら、撃たれるのは早いだろうとは思います。したがって、もう少し、用心深く、慎重《しんちょう》に進んだほうがよいのではないでしょうか。そういうことはあるだろうと思います。

6　最終的に必要なもの――信仰心《しんこうしん》で神仏と一体になる

だんだん「強いもの」が出てくるとき、最終的に勝つ力

「降魔《ごうま》」というものは簡単なことではありません。最初は「いける」と思っていても、だんだん強いものが出てくるのです。この段階を経験した人はそれほど多くいるわけではないので分からないでしょうけれども、やはり、「信仰心《しんこうしん》を持っていなければ、最終的には勝てない」ということは知っておいてください。

「自分だけの力で勝てる」と思ったら間違《まちが》いです。そういった霊《れい》現象が目の前で起き始めたり、あるいは、自分もサイキック風に、多少は能力を持っているなどと思ったりしている人もいるかもしれません。しかし、最終的には、「神仏への信仰心を強く持っていなければ護《まも》り切れない」ということは言っておきたいのです。神

仏と一体でなければなりません。「自分一人で戦って勝てる」と思ったら間違いです。宮本武蔵《みやもとむさし》のように、「剣《けん》一本あれば、何十人とでも戦える」と思えたとしても、そうはいかないのが普通《ふつう》です。

例えば、ホラーかどうかはよく分かりませんが、「コンスタンティン」（二〇〇五年公開／ワーナー・ブラザース映画）という霊界《れいかい》ものの映画があります。映画「リトル・ブッダ」（一九九三年公開／東宝東和）にも出演した人（キアヌ・リーブス）が主演をしています。

この映画では、主人公がタバコを吸いすぎて肺ガンになっていたのですが、悪魔が来て、その肺ガンが取り去られたり、体から抜《ぬ》け出してあの世へ行ったり、そういうことをいろいろとしています。ただ、この主人公のようなタイプであれば、本当は、自分を護るのはかなり厳しいかもしれません。

霊的な能力というものは、生まれつき、ある程度、素質として持っている場合もあることはあるのですが、やはり、この世において自分を護りつつ修行《しゅぎょう》をしていく姿勢は大事ではないでしょうか。

例えば、元野球選手のイチローは、打席に立つときには、取りつく島がない、凛《りん》とした怖《こわ》い雰囲気《ふんいき》がありました。修行者には、基本的にあのような感じのところがあります。あまりいろいろな隙《すき》があってはいけないものだと思います。

人間である以上、欲はあるものです。お金は欲《ほ》しいし、地位も欲しいし、地位に伴《ともな》う権力も欲しいし、名誉《めいよ》も欲しいでしょう。そして、金と地位と権力があるところには、必ず異性も出てくるので、異性も手に入れたいという欲も出てきます。

そうしたものも合理性の範囲《はんい》内に入っていれば、ある程度は構わないところもあるとは思うのです。例えば、アメリカの大統領が美人のモデルと結婚《けっこん》しようが、本人の勝手でしょう。「それは結構なことで。選挙に有利になるなら、どうぞ」と言うしかありません。

ただ、自分の分《ぶん》を超《こ》えて、いろいろなものに対する欲をあまり持ちすぎると、失敗することはあるということです。

小さな成功を積み重ねることの大切さ

私は、「平凡《へいぼん》からの出発」であるとか、「小さな成功をコツコツと積み上げていけ」といったことをよく語っていますが、これは別に、必ずしも「凡人のすすめ」をしているわけではありません。

あまりに大きな成功を狙《ねら》いすぎている場合、たまたま一発当たって〝満塁《まんるい》ホームラン〟になることがあったとしても、それはいつも出るものではないにもかかわらず、大振《おおぶ》りのスイングをする癖《くせ》がついてしまいます。一度大きな成功をすると、やめられなくなるのです。

そのようなわけで、『宝くじで1億円当たった人の末路』といった本が成立しうるのであり、たいていはあまりよくないことが出てきます。

例えば、宝くじで小さな額が当たったり、お年玉付き年賀はがきで切手が当たったりする程度の範囲内であれば、どうということもないのでしょうが、あまりに身の丈《たけ》に合わないことが起きると、その後、少々危なくなることはあります。

一つ不思議に思っていたことに、地方のある素麺屋《そうめんや》が全国紙で大々的に広告を打っていることがありました。「なぜこんな広告が打てるのかな」と思っていたところ、どうも、ジャンボ宝くじが当たったため、大量の広告を打つことができたようなのです。ただ、真実のほどは分かりません。

いずれにしても、お金があって事業が回っているうちはそれでもよいと思いますが、事業が回らなくなってお金が尽《つ》きたときには、そういう派手なことが身についていると、それを縮めるのはとても難しく、そのあとは厳しいところが出てくるかもしれません。

高校野球の全国大会レベルでも、試合で十点以上の差がついたり、二十点以上も得点したりして大勝したあとは、負けているケースが多いのです。あまり〝ボロ勝ち〟すると、気が緩《ゆる》んでしまうのかもしれません。いくら「緩むな」と言われても、どうしても緩んでしまうものなので、そのあたりは気をつけたほうがよいと思います。

これは、武田信玄《たけだしんげん》的に言えば、「六分《ろくぶ》の勝ちでよしとする」ということかもしれません。すなわち、「勝つことでも隙はできる」ということです。負けることで、いじけたり卑屈《ひくつ》になったりして隙ができる場合や、弱虫になって戦う気力がなくなり、いつも言い訳ばかりするようになって隙ができる場合もあるのですが、勝つことで隙ができる場合もあるわけです。

そういう意味では、「濡《ぬ》れ手で粟《あわ》」や「棚《たな》ぼた」型の成功はあまり狙わずに、やはり、目に見える努力を積み重ねることが大切です。周りから見ても、「あれだけコツコツとやっていたら、そのくらいは当然かな」と思われるように努力したほうがよいのではないでしょうか。

これが、私が「小さな成功体験を積み重ねなさい」と言っている理由です。いきなり大きなことで成功すれば、それですべてがうまくいくなどというのは、千に一つ、万に一つの、ものすごい救いを求めているようなものに近く、うまくいかないことが多いので、とにかく堅実《けんじつ》であってください。

「人としての賢《かし》さ」「心のなかの愛のあり方」に隙《すき》ができるとき

特に、若い人の場合は、やはり、異性のところで失敗するケースがとても多いでしょう。

ただ、一定の年齢《ねんれい》を超えれば、考え方が多少は変わってくることもあるのです。人生全体のバランスというものがあるので、そのなかで見る目というか、例えば、「仕事の大小」や「重い軽いの差」、あるいは、「人間関係における距離《きょり》感」を見定めるような力がついてくると、異性関係でも、その距離の取り方や付き合い方の深さ、それから、あってはならない〝空手形《からてがた》〟をたくさん切りすぎたりすると大変なことになるということが、何となく分かってくるのです。

そのように、仕事ができるようになると、異性との付き合い方で、ある程度の信用限度も出てくるのですが、若い人の場合はそうはならないケースが多いのです。

いわゆる「ロミオとジュリエット」ではありませんが、「生きるか死ぬか」というう感じになったり、「仕事を辞《や》めるか駆《か》け落ちするか」というような感じになったりして、すごく追い込《こ》まれるところまで行ってしまうこともあるかもしれません。

若いということは、夢もあるし、可能性もあるのでしょうが、いかに頭のよい人であったとしても、残念ながら、知恵《ちえ》には限りがあります。「あと十年、二十年も経験があれば、そんなことでは、そうは思わないだろう」というようなところでも、どうしても分からない部分があるのです。

やはり、どれほど頭がよくても、「若さゆえの愚《おろ》かさがある」ということは知っておいてください。

一方、この世的には賢《かしこ》いと思われていなくても、人生経験のある人、何十年か長く生きた人は、転落している人の姿や成功している人の姿など、さまざまなものを見てきているため、彼らが見ると、「ああ、これは危ないな」と思うようなところもあるわけです。

人生経験を何十年もしている人は、たとえ中学校までしか卒業していなくても、人が失敗しそうなところ、例えば、「この人は女で失敗する」「この人はお酒で失敗する」「この人は博打《ばくち》で失敗する」「この人は仕事で嘘《うそ》をついて失敗する」など、危ないところがある程度、見えてくるわけです。

ですから、人間が賢いか賢くないかということは、必ずしも、マークシート試験での点数の取り方のようなもので決まるわけではないと知っておいたほうがよいでしょう。やはり、「人の筋《すじ》」は見なければいけないということです。

とりわけ、「愛」というものは、そのあり方によっては、悪魔につけ込《こ》まれる隙《すき》になりやすいところではあります。それは、仏教的にもキリスト教的にも言われていることでしょう。ただ、この世で生きている以上、ここから逃《に》げ切れないものであることも事実です。このあたりの微妙《びみょう》な距離感というものは、難しいところだと思います。

そのため、そういう「落とし穴」に落ちないようにするために、愛を一切《いっさい》、拒絶《きょぜつ》して生きる生き方もあるとは思うのです。例えば、僧侶《そうりょ》や神父《しんぷ》のような人はそうでしょう。ところが、それでも意外に失敗するケースは後《あと》を絶たないようにも見えます。

現代的には、人は、愛というものは「愛されること」であるように取りやすいのですが、これもすべて否定してはいけない面もあります。なぜなら、人に愛されるということは、やはり、「人に支えられること」でもあるからです。

人に愛されているから、その〝愛着の念〟のところを悪魔が狙って攻撃《こうげき》してくる場合もあるのですが、その人が愛されているがゆえに護られている面もあるので、その場合は、なかなか〝撃《う》ち落とせない〟こともあります。

愛には、特定の男女の愛のようなものもありますけれども、男性女性を超え、多くの人たちから愛されているような人もいると思うのです。これは、運動会などで、ポールを中心に周囲から何本もの縄《なわ》をピンと張って立てる競技のように、大勢の人がその人を支えている感じになるので、なかなか倒《たお》しにくいところがあるわけです。

ですから、正当な意味で人に愛されている人を倒すのは、それほど簡単なことではありません。

ところが、もう少し薄《うす》っぺらいような愛、現代的な、非常に狭《せま》い意味での、契約《けいやく》関係程度にしか思っていないような愛である場合には、「その契約が破れたか、破れなかったか」といったことで、すぐ大騒《おおさわ》ぎをすることもあるでしょう。そして、結局、「愛した、愛された」ということよりも、あとから出てくる被害《ひがい》のほうが大きいケースもあります。

ですから、原始仏教の釈尊《しゃくそん》の教えには、「愛する人をつくるな」というものまであります。ただ、釈尊自身はつくっているのですが。

教えを説いても、それを行《ぎょう》じる気がない者は護《まも》られない

いずれにせよ、悟《さと》りの道に進むためには、そういう関係を持つことは難しく、邪《じゃ》魔《ま》になることも多いという気はします。

その意味では、釈尊の態度としては、「阿含経《あごんきょう》」のように、実際に話したと思われるものを見るかぎりは、ずいぶん突《つ》き放したものの見方をしています。

例えば、「自分は月を指し示すことはできるけれども、その月を見るのは各人の目なのだ。各人が自分の目でその月を見ないかぎり、無理やり月を見せることはできない」というようなことも言っています。これは、「指月《しがつ》のたとえ」と言われるものです。

「月を指し示すことができる」というのは、要するに、悟りの方向、修行の方向、勉強の方向を教えることはできるけれども、「それを行《ぎょう》じるか行じないか」は各人の問題であり、「それを行じれば救われるけれども、行じなければ救われない」ということです。

そのように、釈尊にはけっこう割り切っているところがありました。これは、やはり、実際に救えた人も救えなかった人もいる経験をした人の言葉でしょう。

また、弘法大師空海《こうぼうだいしくうかい》にも、突き放したところがあります。そうしたクールなところを感じるのです。

それから、以前、安倍晴明《あべのせいめい》を描《えが》いたドラマ「陰陽師《おんみょうじ》」を観《み》たことがありますが、そのなかで稲垣吾郎《いながきごろう》さんが演じていた安倍晴明なども、仏教的な意味での突き放した感じを持っていました。「怨霊《おんりょう》に取り憑《つ》かれて祟《たた》られている者が助かるかどうかは、結局、本人次第《しだい》だ」と突き放しているところがあります。

本人がそれに気がつけば助かるのです。要するに、向こうが怨霊と化して取り憑いてきていることに気づき、自分の本心を取り返し、本人の意志がしっかりすれば助かることもあるでしょう。

しかし、昔、愛した女だからといって、もはや悪鬼羅刹《あっきらせつ》のようになっていることに気づかず、まだしがみついているようなこともあるわけです。客観的には、骨と皮ばかりで鬼《おに》のようなすごい姿になっているものを、まだ愛しているとなれば、助かるかどうかは、もはや「本人の問題」であり、こちらはどうすることもできないのです。そのドラマでも、稲垣さんが演じた陰陽師の安倍晴明がそのようなことを言っていました。

このなかには、仏教の考え方がだいぶ流れ込んでいるところもあります。私が説いている教えを同じように聴《き》いても、それで救われる人もいれば、そこからスピンオフしていって救われない人もいます。それも、ある意味で、しかたがないところはあるでしょう。

私は、「教え」は説きます。そして、それを行じれば自分の身を護《まも》ることはできます。しかし、その気がない者は護られないということです。

したがって、「自分を最高だ」と思っているような人は、最終的にはどこかで敗れるでしょう。やはり、信仰心を持っていなければ護り切ることはできませんし、ちょっとした上がり下がりで、成功の軌道《きどう》に乗ったり失敗に入ったりしたときに心が揺《ゆ》れて、その隙に入り込まれるようなことにもなるのではないかと思います。

以上、「真のエクソシスト」ということで、降魔師になるための基礎《きそ》知識に当たるようなことを中心に述べました。

第3章

宗教のプロとしてのエクソシスト

―「真のエクソシスト」質疑応答―

2018年5月9日
幸福の科学 特別説法堂《せっぽうどう》にて

Q1　自分の信仰心《しんこうしん》のズレをチェックする方法

質問者A　先ほどの御法話《ごほうわ》のなかで、「最終的には、信仰心《しんこうしん》を持っていないと勝てない」と教えていただきました。

ただ、「本人が信仰を持っていると思っていても、魔《ま》に魅入《みい》られてしまう」ということもあるかと思います。

こうした場合、信仰心のズレをチェックする方法について教えていただければ幸いです。

立場が上がると許されなくなること

大川隆法　これは難しいことだとは思いますし、宗教だけの問題とは言えないかもしれません。

例えば、会社のなかで出世していって、自分の立場が変わったときには、「判断の仕方」や「人に対する接し方」も変わらなければいけないものです。あるいは、仕事で影響力《えいきょうりょく》が大きくなってきた場合などもそうでしょう。

芸能界で言えば、駆《か》け出しから始まって、全国的によく知られるスターや、世界的に知られるスターになった方もいますが、上がっていけば上がっていくほど、政治家や大きな会社の社長などと同じような扱《あつか》われ方をし始めます。

実際に、芸能の分野においても勲章《くんしょう》をもらったりしていますが、企業《きぎょう》の経営者や学者、歌手、役者など、それぞれ業界は違《ちが》っても、社会に与《あた》えた影響力とか、貢献《こうけん》度とかを見て、そうしたものを与えられたりするわけです。

このように、自分の立場は変わっていくので、そのあたりは知らなければいけません。

「本人としては信仰心を持っていると思っていても、その薄《うす》い篤《あつ》いをどのように見分けるか」という質問ですが、宗教においても、やはり、「自分の立場相応の問題」はあるかと思います。

立場が上がってきた場合は、多くの人に与える影響が大きいため、間違ったことを言えば大勢の人に迷惑《めいわく》をかけてしまうでしょう。救済についても同じです。立場が低く、「この人に悪霊《あくれい》を祓《はら》えるわけがない」と思われるようなレベルの人であれば、それほど大きな問題にはならないとは思います。しかし、「この立場であれば当然だろう」と思われ始めると、そこまで立場が行っていなかったときには大した問題にならなかったことが、大した問題になってくるわけです。

例えば、幸福の科学の本部講師なのに、「『エル・カンターレ ファイト』●がどんなものか知らない」とか、「『太陽の法』（前掲《ぜんけい》）を読んだことがない」とかいう場合です。下《した》っ端《ぱ》の人であれば、許されたり、「いいかげんにしなさい」と言われたりするぐらいで済むかもしれませんが、上のほうの人の場合は許されなくなってくるでしょう。

●エル・カンターレ ファイト　幸福の科学における悪魔祓《ばら》いの修法のこと。幸福の科学の三帰信者（幸福の科学の三帰誓願式にて、「仏《ぶっ》・法《ぽう》・僧《そう》」の三宝《さんぽう》に帰依《きえ》することを誓った人）向け経典『祈願文①』（宗教法人幸福の科学刊）の「悪霊撃退の祈り」に収録されている。

　また、立場が上がってくると、「自己愛人間」は否定されていく傾向《けいこう》が出てきます。確かに、最初は認められたくてしかたがないものかもしれません。赤ちゃんなどは、「お腹《なか》が空《す》いた」とか、「おしっこがしたい」とか、「うんちが出る」とか、「ミルクが飲みたい」とか、「構ってほしい」とかいうように、とにかく「欲《ほ》しい、欲しい」が多いものです。

　ただ、大人になるにつれて、だんだん、「自制していく力」「抑《おさ》える力」を強くし、人の上に立つときには、自分を抑えて、他の人に何かをしてあげることが多くならなければいけないのです。若いころは、「自分の成長」を考えるものでしょうけれども、実際に偉《えら》くなってくると、「他の人の成長」「他の人を育てること」を考えなければいけなくなります。

立場の変化で「求められる信仰《しんこう》」も変化する

　立場が変わることによって考え方が変わるように、信仰心《しんこうしん》の場合も、「その人個人なら護《まも》れる」というレベルの信仰心もありえるとは思いますが、何らかのかたちで立場や立ち位置が変わってきたときに、「その程度ではもたない」ということもあるのではないかと思うのです。

例えば、「在家《ざいけ》信者で、それほど目立った活動もしていない」といった人であれば、会社のなかではなるべく穏便《おんびん》にいったほうがよいということで、幸福の科学の信者だと知られないように口裏を合わせて話したり、知らない人同士で会ってお酒を飲んでいるときに、「最近は変な宗教が多いね」などと言われても、「そうですかねえ」といった感じで答えたりして済むこともあるかもしれません。

ただ、在家信者でも役職をもらっていたりするような人や、出家者《しゅっけしゃ》でも支部長クラスから上の人となると、教義の批判をしたり、その上にいる立場の人や、さらには、教祖のことまで批判したりし始めると、利益相反《そうはん》するというか、「いてはいけない」ということにもなるでしょう。

もちろん、会社であっても、社長の悪口を真っ向から言ったり、経営理念に反することを堂々と言いまくったりすれば、いられなくなることもあるので、このあたりについては、「いかに大人になるか」という問題もあるのかもしれません。

また、「信仰心」といっても、人に知られようとする信仰心である必要はないと思います。

それは、イエス・キリストも戒《いまし》めているとおりです。彼は、「祈《いの》るときに、人に見られるように祈るなかれ」「人に知られないところで、静かに一人にて祈れ」とよく言っていました。信仰心があるというところを自慢《じまん》する人もいますが、「いかにも信仰心がありそうに振《ふ》る舞《ま》う」といったことも、虚栄心《きょえいしん》が入ってくる隙《すき》になってしまいます。そうしたこともあって、イエスは「祈るときには、静かなところで一人で祈れ」と言っていたわけです。

こうした意味でも、やはり、「どこまで本物か」が問われるでしょう。

信仰心《しんこうしん》には実体としての力がある

「信仰心《しんこうしん》のもとは何か」というと、やはり、「真理をどこまで知っているか」でもあろうし、「求道心《ぐどうしん》の強さ」でもあろうと思います。つまり、「神仏に近づいていきたいという気持ち」です。

それから、もう一つは、信仰心を持つことによって、神仏を愛し、神仏の代理人として地上で指導している人たちを、いわゆる「外護《げご》」というレベルを超《こ》えて、もう一段護っているところがあるわけです。そういう神仏の代理人は、生霊《いきりょう》、死霊《しりょう》、あるいは、世間《せけん》のさまざまなものに狙《ねら》われているのですが、実は、多くの人たちが信仰心を集めることによって、護っているところもあるわけです。このあたりは大事なところなのではないかと思います。

そういう意味でも、日本はやや甘《あま》やかされすぎているところがあるのではないでしょうか。宗教がバックボーンにある国に行って、「信仰心がない」とか、「信じる宗教がない」とか言えば、「おまえは人間か」「動物なのではないか」と言われ、誤解されるようなことまであるからです。

日本では、「信仰心がないと言ったほうがインテリに見える」という変な風土をつくってしまいました。それは明治ごろから始まって、戦後は特に激しくなっていますが、やはり、「これは恥《は》ずかしいことなのだ」という価値観をつくらなければいけないと思います。

「恥ずかしいことなのだ」と思ってもらうためには、宗教のなかで、「正当な宗教」、すなわち、「ある程度、社会的にも受け入れられるもの」をつくらないといけないでしょう。変な宗教ばかりが多いとなると、やはり厳しいところがあります。宗教界自《みずか》らのなかから、そういう改革運動も要《い》ると思うのです。

ともあれ、会社であっても忠誠心は必要ではありますが、信仰心というものは、それよりももっとシリアス（厳粛《げんしゅく》）なものであり、信仰心なるものが実体としてあって、実際の力として効いてくるのです。

信仰心とは、上にある御本尊《ごほんぞん》、あるいは、教祖や昔の開祖に対する思いでもありますが、同時に、悪霊、悪魔《あくま》と戦うときには、その霊流《れいりゅう》を引いて一体となるために、どうしても必要なものなのです。それがなければ、完全に〝自分個人の戦い〟になってしまうので、戦う相手が大きくなると護れなくなります。

例えば、相手が単なる個人だとしても、「その人に憑依霊《ひょうい》が五体、六体と憑《つ》いている」となると、そう簡単ではなく、手に負えないと思います。「交通事故で死んだ父親がたまたま憑いている」ぐらいであれば、研修を受けたり、法要をしたりしているうちに取れて、成仏《じょうぶつ》することもあるかとは思うのですが、「本人自身の心持ちが悪いために、五体も六体も憑いていたり、入れ替《か》わったり、何十年も居座《いすわ》ったりしている」という人の場合は、なかなか簡単ではありません。

こうした人を相手にする場合は、教団などを通して、中心仏のところにつながっていなければ、自分も危ないということは知っておいてください。

宗教の世界のなかに持ち込《こ》んではならない「この世の価値秩序《ちつじょ》」

このときに気をつけなければいけないのは、「宗教の世界のなかに、この世の価値秩序《ちつじょ》をあまり持ち込《こ》まないようにしなければいけない」ということです。ここは間違えやすいところかと思います。

信者のなかには、「ここの支部長はこういう人だ」「ここの館長はこういう人だ」「この講師はこういう人だ」と思ったりする人もいるでしょう。例えば、「ここの館長は某《ぼう》三流大学の卒業生だけれども、自分は一流大学を出た、一流会社のエリートサラリーマンである。だから、この館長の祈願《きがん》なんて効いてたまるものか」といったように思う人もいるかもしれませんが、そんなことでは悪霊、悪魔は取れないのです。

仏教について言えば、釈尊《しゃくそん》は、出家者が教団に入るに当たって、出自《しゅつじ》としてのカーストをいちおうすべて取り払《はら》っていたので、教団のなかではカーストは通用しませんでした。当時は、一般的《いっぱん》には出家の順番で先輩《せんぱい》・後輩を決めていたのです。あるいは、「悟《さと》りを開いた」「阿羅漢《あらかん》になった」という場合は、先生に近づいていることになるので、それなりに立場が得られました。

「私はバラモン（僧侶《そうりょ》階級）だった」とか、「私はクシャトリヤ（武士階級）だった」とか、「私はバイシャ（商人階級）だった」とか、「私はシュードラ（奴隷《どれい》階級）だった」とか、いろいろあるわけですが、出家に当たっては、この世のカーストはいったん取り払おうとしていたのです。

キリストの弟子《でし》に見る人間的な「嫉妬《しっと》」と「競争」の感情

こうした精神は、イエスにも生きていたと思います。

イエスの弟子《でし》たちのなかには、この世的に偉い人はほとんどいませんでした。漁師や税務署の小役人、あるいは、イエスのきょうだいも来たので、大工《だいく》の息子《むすこ》もいたわけです。今で言えば、工務店の店員かもしれません。

実は、イエスの十二弟子のなかで、いちばん学歴が高かったのはユダだと言われています。彼は、ユダヤ教のほうのきちんとした学校を出ていた人だったけれども、イエスの教団に入ってきたともされています。

さらに、彼はお金のところ、財布《さいふ》も握《にぎ》っていたらしいので、「お金」と「学歴」を持っていたわけです。

こうした人が最後に裏切りをしていますが、そこには、やはり、「正式にユダヤ教の勉強をして、ラビの資格や教師の資格を持っているのは自分だけだ」という慢心もあったのだと思います。

ゆえに、ローマの支配者であるローマ人や、彼らに魂《たましい》を売っているユダヤ教の司祭《しさい》たちあたりに狙われて、今で言えば幾《いく》らか分からないような小銭《こぜに》で主を売り飛ばしてしまいました。

そのあとで、ユダは、「主をお金で売ってしまった」と気がつき、首を吊《つ》って自殺しています。現在で言えば三万円か三十万円か詳《くわ》しくは分かりませんが、銀貨三十枚で売ってしまったわけです。これについては、方便《ほうべん》としては、「何か奇跡《きせき》が起こって助かるところを見たかったのだ」と好意的に言う方もいます。

先に述べたように、ユダは財布係、つまり、教団の財務や経理をやっていましたが、教団の台所事情はいつも悪かったようです。

それなのに、女性たちがイエスに対して一生懸命《いっしょうけんめい》、奉仕《ほうし》していて、例えば、当時の年収と言われている三百デナリの香油《こうゆ》、今で言えば三百万円ぐらいもする香水をイエスの足に付けて、髪《かみ》で拭《ぬぐ》ったマリアという女性も出てきます。

ユダは、それを見咎《みとが》めて、「なぜ、そんなもったいないことをするんだ。それを売ったら三百デナリになって、一年分ぐらいの生活費が出るのに。教団として財政が苦しいから、そうしたことに使うべきだったのに、足に付けて髪の毛で拭うためになんか使うな」というようなことを言いました。

それに対して、イエスは、「今はそんなことを言うな。あなたがたはいつの時代もこの世にいることはできるけれども、私と一緒《いっしょ》にいることはできないのだ。私と別れるときはもう近い。この女は、私に最高の敬意を表《ひょう》してくれているのだ。信仰心の表れなのだ。自分にできる最高のことをやろうとしている。今、歴史に遺《のこ》ることをやろうとしているのだから、なすがままにさせるがよい」というようなことを言っています。

「高い香油で足を清めるなんて贅沢《ぜいたく》だ」と考えた合理的な人間もいたわけですが、「いや、私の最期《さいご》は近い。二千年も語り継《つ》がれることなので、なすがままにさせたほうがよい」と、イエス自身は言っていました。

あるいは、「マリアとマルタ」の話もあります。みんなのご飯《はん》の準備をするのに忙《いそが》しいマルタは、イエスの世話ばかりしているマリアに嫉妬《しっと》して、「こちらを手伝いなさいよ」というようなことを言ったのですが、それをイエスにたしなめられたりしていました。

このように、この世的に、常識的に考えたら、彼らが言っていることにも理があるようにも見えますが、宗教的に考えると、やはり、人間的な「嫉妬感情」「競争感情」も入っていたのではないかと思うところもあるのです。

そのように、信仰における価値というものは、この世のものとは多少違うかもしれないので、「この世で値打ちがあることは、宗教のなかでもすべて通用する」と思うのは間違いです。逆に、この世的には値打ちがないと思われるようなことが、宗教では値打ちがあるように見えることもあるので、このあたりは知ってほしいと思います。

信仰《しんこう》の世界において「純粋《じゅんすい》」になることの難しさ

地位や名誉《めいよ》、権力、金銭など、この世的に値打ちのあるものはいろいろあろうかと思いますし、それは役に立つところもあるでしょう。ただ、それが役に立たないこともあるのです。

例えば、宗教にお金を寄付しても、すぐに悪霊が立ち去ってくれるわけではありません。人によっては、「お金をたくさん寄付したから、導師《どうし》も力が入って、悪霊が飛んだに違いない」などと思う人もいるかもしれないし、そういう場合もないとは言えません。そういう喜捨《きしゃ》、布施《ふせ》の心というものは、それはそれで大切な心であることは確かです。

ただ、宗教的な意味での悪霊祓いができるかどうかは、その人の修行《しゅぎょう》レベルの問題、信仰心《しんこうしん》の問題と関係があるわけです。その意味では、「お祓いの布施の多寡《たか》によって飛ばせる悪霊が違う」などという考えには、邪教性《じゃきょう》が感じられるところがあるので、そうしたものは一緒にしないほうがよいでしょう。

とりあえず、この世的な価値観を全部持ち込まないようにしたほうがよいと思うのです。そういう気持ちを持たないと、どうしてもそのようになるので、駄目《だめ》なのです。

例えば、年齢《ねんれい》の問題もあるでしょう。「自分は弟子だけれども、導師より年齢が上だから、全部は素直《すなお》にはきけない」ということもあるかもしれません。

また、男女の問題もあるでしょう。「女性だからきけない」「男性だからきけない」というようなことを言う人もいると思います。

それから、「私のほうが二枚目だ」と言う人もいるかもしれません。

あるいは、「修行は私のほうが長くやった」ということもあるかもしれません。

幸福の科学の信者にはなったものの、「自分は滝行《たきぎょう》を十年やった」「籠山行《ろうざんぎょう》をやった」「千日回峰行《せんにちかいほうぎょう》をやった」ということで、それだけの大修行を称《たた》えられて、新聞にも名前が載《の》ったなどと言う人もいます。そういう自分が信者として来ているということで、「ほかの人とは一緒ではない」と思っている人もいるかもしれません。

ただ、それほど甘くはないでしょう。

いずれにせよ、「この世的にどう判断されているか」というところはあるかと思いますが、そういうものをいったん捨てられなかったら、信仰の世界において純粋《じゅんすい》になることは難しいのです。そのことは知っておいてください。

もちろん、役職による上下もあるでしょうが、それも「方便」の場合があるのです。例えば、幸福の科学においても、教団のなかでの役職は方便であることがあります。役職順に、〝お代官様〟のように偉いわけではありません。やはり、各人各人の修行者としての心構えは必要です。

信仰心《しんこうしん》が立っていなければ、自分自身も護《まも》れない

信仰心《しんこうしん》は、あまり利用するものではないし、人に衒《てら》うものでもありませんが、実体があるものとして感じ取れなければ、自分自身も護《まも》れないし、人を救うこともできなくなります。

したがって、霊能力にも限界があることは知っておいたほうがよいのです。信仰心が立っていればこそ、自分自身を護り続けることができるし、人を救うこともできるということを知ってほしいと思います。

確かに、幸福の科学の講師でも、精舎《しょうじゃ》等で行う祈願で奇跡が起きたりすることもあるでしょう。

ただ、それは、教団全体がそういう「磁場《じば》」と「信仰の体系」をつくって救って

いるから起きるわけであり、そこから離《はな》れて自分一人で奇跡を起こせると思うのは間違いです。そのようなことを思っていると、簡単に悪魔に入られて、〝入れ替え〟が起きてしまいます。このあたりを間違えないでください。

幸福の科学の霊言《れいげん》と他の団体の霊現象との社会的信用の差

以前には、一九九四年ごろまで幸福の科学の会員だった人が、「霊言《れいげん》を降ろせる」などと称《しょう》して信者を引き抜《ぬ》くようなこともありました。

当会がいったん霊言を録《と》るのをやめて、理論書を中心にした活動を展開し始めたときに、その人は会員をやめたのですが、その後、「大川隆法には霊能力がなくなったのだ」「自分のところには、たまたま霊が降りてくる」ということで、霊言集と称するものを〝地下発刊〟し、教団のようなものをつくっていたのです。

ただ、新聞広告が出ないので、私はその存在を知りませんでしたが、幸福の科学のある支部では、「『大川隆法には霊能力がない』などということで、信者を二十人ぐらい引き抜かれた」という話を聞き、驚《おどろ》いてしまったわけです。

確かに、大きな書店に行ってみると、棚《たな》の下のほうに、その人が出した霊言集のようなものが置いてあるらしいのです。

そこで、「『大川隆法には霊能力がない』と宣伝して信者を引き抜いているのか。それならば、出しましょうか」ということで、その後、私は五百書以上の霊言集を発刊しました（二〇一九年四月現在）。要するに、「出そうと思えばいくらでも出せますよ」ということです。Ｂ29の爆撃《ばくげき》のような感じで〝爆《ばく》弾《だん》〟がたくさん落ち始めると、霊言のようなものを出している向こうの言い分も、あっという間に崩《くず》れ

歴史上の人物の霊や、現在活躍中の著名人などの守護霊を招霊した公開霊言シリーズは500書を超えている（2019年４月現在）。そのテーマは宗教をはじめ、政治、経済、教育、科学、芸能など多岐にわたる。

てしまいました。

あちらの霊言集はまず広告には載らないのに、こちらの霊言集のほうはきちんと新聞の広告にも載るのです。まことに不思議ですが、これは「信用の差」としか言いようがありません。

つまり、私が過去三十年にわたって発信してきた内容について、心ある人ならば、違いはきちんと分かっているのであり、それほどおかしなものとは見られていないわけです。

例えば、司馬遼太郎《しばりょうたろう》氏の霊が愛国心について語った『司馬遼太郎　愛国心を語る』（幸福の科学出版刊）の広告が、産経新聞や読売新聞に五段抜きで載りました。あるいは、『文在寅《ムンジェイン》守護《しゅご》霊《れい》 vs. 金正恩《キムジョンウン》守護霊』（幸福の科学出版刊）も産経新聞の二面ぐらいに出ていましたし、渡部昇一《わたなべしょういち》氏の霊言集（『渡部昇一　日本への申し送り事《じ》項《こう》　死後21時間、復活のメッセージ』『渡部昇一　死後の生活を語る』〔共に幸福の科学出版刊〕）も載っていました。

産経新聞や読売新聞あたりで、司馬遼太郎氏や渡部昇一氏の霊言集の広告を載せるということの意味は、分かっているはずだと思います。司馬遼太郎氏は産経新聞の記者をしていましたし、辞めて作家になってからあとも、産経新聞に小説を連載《れんさい》していた人です。そこの三面あたりに、五段抜きで彼の霊言集の広告が載るということは、要するに、社説の代わりのようなものだと言えるかもしれません。司馬氏の霊が言っていることは、産経新聞の考えとかなり近いのでしょう。そういうこともあって認めているわけです。

また、渡部昇一氏の霊言集の広告を載せるといっても、（掲載《けいさい》時点より）一年前●に亡《な》くなった人なので、やはり、普通《ふつう》であればリスクはあるでしょう。

霊能者という人は、あちこちにたくさんいるかもしれませんし、「日本に一万人はいるだろう」と書いてあるものもありますが、この一万人がみな、渡部昇一氏や司馬遼太郎氏の霊言を出せるのであれば、この世も混乱することだろうと思います。それは大変なことでしょう。

●一年前に……　渡部昇一氏は 2017 年 4 月 17 日に帰天《きてん》した。

しかし、彼らにもプライドはあるので、どこにでもは出ないはずです。「自分が出てもおかしくない」と思えるところを選んで出るのではないでしょうか。あちらにもこちらにも出たら、さすがに節操《せっそう》がないと言われます。

「渡部昇一先生はカトリックだったから、カトリックのほうに出なければならない!」という考えもあるのかもしれませんが、すぐに異端審問《いたんしんもん》をされてしまうでしょうから、カトリックでは霊言の本など出せないと思います。破門《はもん》される恐《おそ》れがあるため、現実には出せないでしょう。そういう差はあるということです。

いずれにせよ、この世的な信用も必要ですし、信仰者として真っ当であるかどうかというところも大事だと思います。

Q2　よい心境を保ち続ける方法

質問者B　これは、非常に難しい体験談として聞いた話ではございますが、悪霊撃《あくれいげき》退《たい》系の祈願《きがん》などを受けた方のなかには、一時的には、改心したり、大いなるものへの帰依《きえ》の心が戻《もど》ってきたり、信仰心《しんこうしん》が強くなったりと、天上界《てんじょうかい》の光が入って、心が元気になったように見えても、すぐに心境がブレてしまい、再び憑依《ひょうい》されてしまうという現象が繰《く》り返し起こることがあるそうです。

このような方に対して、霊調《れいちょう》や心を安定させるポイントがございましたら、ご教示いただければと思います。

心の状態に働く「慣性の法則」

大川隆法　それは、ある意味でしかたがないところがあり、それが凡人《ぼんじん》と言えば凡人なのです。

祈願などの場で、緊張《きんちょう》した状態で聖なるものに触《ふ》れたときには改心したりするけれども、日常に帰れば元通りに戻ってしまうというのが凡人の常なので、一般《いっぱん》的にそうだと思わざるをえません。

精舎《しょうじゃ》等の場所で、祈願や儀式《ぎしき》を受けたりしたときに、涙《なみだ》を流して感動したり、帰依したりするだけでも珍《めずら》しいことであり、それでも、ないよりはまだましです。ところが、家庭や職場などでは、そういうものを全部なくしてしまうような生活が続くので、だんだんに、そちらのほうに引っ張られていくことはあります。

やはり、どうしても、「慣性の法則」というものはあります。この世で生きてきた年数分だけ、今までの方向性があるので、それを急に変えようとしても変わりません。それは、物理の計算式でもあったと思いますが、電車も、ブレーキをかけてから止まるまでの間は、ある程度走り続けますし、車でもそうです。そのように、「慣性の法則」があるので、「急には止まらない」「一発で止まりはしない」ということです。

ちょっとした諭《さと》しや儀式で改心できたと思っても、それが一時的なもので元に戻ってしまうかどうかは、「その人が、過去、どう生きてきたか」という、その〝生き方の道筋《みちすじ》〟の「長さ」と「重さ」によります。やはり、そうした過去の生き方の流れがあるわけです。

過去にも、ある程度、信仰心に適したような生き方をしてきた人が深く感銘《かんめい》を受けて、考え方を変えようと思った場合は、比較《ひかく》的、道を変えやすいところはあるでしょう。

ところが、過去、信仰心とは逆の方向で走っていたり、そういうものを信じない人に囲まれて生きていたりしたような人の場合は、たまたまそこで、「守護霊《しゅごれい》が視《み》えた」とか、「守護霊の声が聴《き》こえた」「導師《どうし》がお経《きょう》を読んでいると、光が入ってきた」などと思ったとしても、もとの環境《かんきょう》や、あるいは職場や家庭に戻ったときに、その経験を否定され、「そんなことがあるわけないじゃない」とか、「そんなのは幻《げん》覚《かく》よ」「気のせいだよ」「それは宗教による洗脳なんだ」などと、二、三人からいろいろ言われたりすると、グラッと来始めたりするわけです。

仏教でも言われていることではありますが、人にはそれぞれ、「上根《じょうこん》・中根《ちゅうこん》・下《げ》根《こん》」というものがあります。

上根の人の場合、ちょっとした教えでも、比較的すぐに、ある程度、分かってしまうこともあります。そして、中根の人は、普通《ふつう》の人が経験するぐらいの努力をしなければ悟《さと》りには至らず、下根の人になったら、やってもやっても、なかなか悟れないということがあるわけです。

自分がどのレベルに当たるか、あるいは、特定の人がどのレベルに当たるかということについては、難しいところがあります。また、この「上根・中根・下根」のなかで、「さらに上・中・下がそれぞれにある」と言われているので、その人がどういう人かによっても違《ちが》うでしょう。

神秘体験をして自分の使命に気づいたパウロ

実際は非常に宗教的で霊的な人であるのに、たまたまきっかけを得ていなかったために、今まではまったく正反対の生き方をしていたけれども、きっかけに触れたことで、急に百八十度回転して改心したというような人も、たまにいます。ただ、そういう人は、歴史的にも数えるほどしかいません。

例えば、「パウロの回心《かいしん》」がそうでしょう。

パウロは、生前のイエスとは直接には会っていないのですが、イエスの死後、弟子《でし》たちを逮捕《たいほ》するために、旧《ふる》いほうの教会、つまり、ユダヤ教に属する者として、聖職者でありながら、逮捕権まで持っていました。警官や保安官ではないけれども、「見つけたら逮捕しても構わない」という逮捕権まで持っていて、エルサレムから、今は空爆《くうばく》されたりしていろいろと問題のあるシリアのあたりまで、イエスの弟子を追いかけて行っていたのです。

ところが、ダマスカス（ダマスコ）に向かう街道《かいどう》で、白昼、突然《とつぜん》、目がくらむような光を受けて倒《たお》れてしまいます。真っ白い光を受けて倒れ、三日ほど目が見えなくなってしまったのです。

パウロは、当時、サウロと名乗っていましたが、そのサウロのまったく見えなくなってしまった目を治してくれたのが、実は、イエスの弟子でした。イエスが、目の見えない人の目の周りを、唾《つば》か何かで洗って治したように、アナニアという人がサウロに手を置いて祈《いの》ったら、目が開《ひら》いて見えるようになったのです。

このように、白光《びゃっこう》でもって倒れて見えなくなった目が、見えるようになったという奇跡《きせき》もありました。

また、白光が臨《のぞ》んでサウロが地に伏《ふ》したとき、「サウロよ、サウロよ。どうして、おまえは、私を迫害《はくがい》するのか」という、イエスの声が聞こえてきたそうです。現実には弟子を迫害していたのですが、イエスは、そうは言わずに、「どうして私を迫害するのか」と言ってきたのです。

かつて、パウロはイエスの弟子を迫害し、それによって捕《つか》まって処刑《しょけい》された人もたくさんいたのですが、そういう神秘体験を経験したことで、今度は回心して、クリスチャンになってしまったわけです。

しかし、そういうことになると、クリスチャン側からは、「これはスパイではないか」「二重スパイではないか」と疑われ、また、旧宗教のほうのユダヤ教側からは、「こいつは寝返《ねがえ》った。裏切り者だ」と見られ、両方から責められてしまい、居場所がないようなこともありました。そのため、パウロも、たいへんひどく、きつい目に遭《あ》ったのですが、それでも生涯《しょうがい》をかけて伝道し、最期《さいご》は、逆《さか》さ十字に架《か》けられて亡《な》くなったペテロと同じように、迫害されて亡くなっています。そういう人もいるわけです。

パウロは、逆と言えば逆なのですが、それでも、ユダヤ教の神に対して、すごく純粋《じゅんすい》に信じていたわけですから、宗教的人間ではあったのでしょう。しかし、新宗教としてのキリスト教を信じていませんでしたし、イエスにも会ったことがなかったので、その新宗教を抹殺《まっさつ》しようと思って弟子たちを迫害していたところ、神秘体験をして、自分の使命に気づいたわけです。こうしたことも、たまにはあります。

光がズバッと深く心に入ってくる時

ほかのところでも、そういう経験をした人はいるでしょう。

例えば、長らく刑務所にいた人が、神秘的体験をしてイエスの姿を視たことで、出獄《しゅつごく》したあと、牧師《ぼくし》になったとかいうケースもあります。

そういうことが改心の現象としてはありますけれども、一般的には、やはり、今までの人生の延長上に未来は築かれるので、「慣性の法則」は働くということです。

ですから、たまに精舎などに連れて行かれて、そのときは感動したりしたとしても、この世的な材料から見れば迷いが生じるのは、当たり前のことなのです。それは、信仰の友達をだんだんつくっていかないと難しいかもしれません。そういうところはあります。

ただ、そういう人が周りを巻き込《こ》みすぎて、あまりにもたくさん迷わせすぎるようであれば、それは時期の問題でもあるのです。その人の「時」が、まだ来ていないのかもしれないので、根気よく見守って、その人の「時」が来るのを待ってあげないと駄目《だめ》かもしれません。

例えば、会社勤めをしていて、「自分はエリートコースをまっしぐらに行っている」と思っているような人の場合、たまたま、「これはいい教えだね」と言って、会員になったとしても、本当に信仰を持つところまでは、まだ行っていないこともあると思うのです。そういう人は、肉親の死など、つらい体験等をいろいろと経験したときに、本当に宗教が深く心に入ってくるというようなことがあります。

このように、「時が来なければ分からない」という人もいるわけです。

この前も、ラジオ「天使のモーニングコール」を聴いていたら、(番組パーソナリティの）白倉律子《しらくらりつこ》さんが、「幸福の科学の月刊誌に載《の》っている巻頭言《かんとうげん》（「心の指針」）を読んでいて、嗚咽《おえつ》してしまいました」ということを言っていました。「心の指針」は、私が書いているものであり、その回では、「人は、人生の不幸を環境や他人《ひと》のせいにしてはいけないし、キリスト教が言う原罪のようなものを信じてはいけないと思うものの、それでも、やはり、何らかの業《ごう》、カルマでもなかったら、現在の自分のあり方を説明できないと思いたくなるときもあるだろう」というような教えを説いていたのです。その巻頭言を読んで、嗚咽してしまったようでした。

そのように、いろいろな経験があった人の場合は、心がパカッと割れて、光がそのままズバッと入ってしまうようなこともあるのだろうとは思いますが、やはり、そこまで行かない人も大勢いるのではないでしょうか。

また、女優の小川知子《おがわともこ》さんも、最初に私に会ったときは、たくさん光が入ってきて、涙が出て止まらなくなる状態になっていました。そういう経験をする人は、わ

●その回では……　「心の指針 161『罪をゆるす力』」（月刊「幸福の科学」2018 年 5 月号掲載）参照。

りあいいるのです。

やはり、それぞれの「時」があるのでしょう。ですから、それを待たなければならないところもあると思うのです。その「時を待つ」のも愛なのではないでしょうか。ただ、きっかけは与《あた》え続けなければならないかと思います。

しかし、最後は、先ほども述べた「指月《しがつ》のたとえ」のように、月を見るかどうかは本人であり、自分の目で見ないかぎりは分かりません。「周りが指し示すことはできるけれども、最後、見るのは本人だ」という部分は残るわけです。

「自分の力で救える人もいれば、救えない人もいる」ことを知っておく

おそらく、エクソシスト等をしていると、救える人も、救えない人も出てくると思います。

このことについて、「救えなかったから、この教えは間違いだ」とか、「自分は全部駄目なんだ」などと思うのも考えものであり、最後は、やはり、残念だけれども、

「その人に、救われるだけの徳がまだなかったのではないか」という面もあるかと思うのです。したがって、あまり多くの衝撃《しょうげき》を受けすぎてもいけないでしょう。救えるときもあるし、救えないときだってあります。それはしかたがないことなのです。

少なくとも、いくら信者であろうとも、確実にこの世を去ります。病気をするかどうかは別として、最後は、百パーセント確実に地上を去るわけです。その意味では、この〝賭《か》け〟は、もはや「百 対 ゼロ」であって、変動のしようがありません。しかし、「残された人生を、どのように充実《じゅうじつ》させるか」という意味では、いろいろと生き方を選べることはあると思うのです。

そういう意味で、あまり単純で、単細胞《たんさいぼう》であってはいけないのであり、もう少し粘《ねば》り強く、広い目で物事を見なければならないですし、「人生のなかで、自分の力では救える人も救えない人も出てくることはありえる」ということは、知っておいたほうがよいかと思います。

先ほど述べた「上根・中根・下根」について、釈尊《しゃくそん》は蓮《はす》の花のたとえで言っています。

蓮の花は泥沼《どろぬま》に咲《さ》くけれども、茎《くき》が伸《の》びて沼から出て、もう少しで水面に出かかっているような蓮もあります。これは、少し手助けをしてやれば、水面から出て花開くでしょう。こういう蓮のような人は、「説法《せっぽう》をして、教えで導いてあげれば、すぐに咲くだろう」ということです。

しかし、蓮で言えば、水のまだ半《なか》ばにあるような人もいます。こういう人は、もう少し時間がかかるでしょう。それから、まったく下のほうにいて、まだ沼の底から芽が出るか出ないかというようなレベルの人もいます。こういう人は、そうとう時間がかかって、簡単に救えるものではありません。

このあたりの人の見極《みきわ》めを、ある程度して、対機《たいき》説法として対応しなければいけないということを、釈尊は教えているのです。これは、ある意味ではしかたがないところがあるかもしれません。

イエス自身も、奇跡は数多く起こしましたけれども、自分の生まれ故郷《こきょう》に帰ったときには、「ふるさとでは奇跡が起きない」というようなことを言っています。

要するに、幼少時からのイエスを知っているような人たちが大勢いるところ、「小さいころを知っているよ。わんぱくだったね」とか、「お母さんに迷惑《めいわく》をかけていたね」「お父さんに怒《おこ》られていたね」「大工《だいく》の仕事をやっていたけれども、いつもサボってばかりいて、いなくなっていたね」など、いろいろと知っているような隣《となり》近所の人たちがいるところでは、奇跡を起こしにくいというのは、やはり、信仰心が立たないからです。その人の小さいころや、そこまで達していない時代のことをよく知っているような、昔の友達や親戚《しんせき》、近所の人、もちろん、家族でもいるとは思うのですが、そういう人たちは、そう簡単には、信じたり、ついてきたりしてくれないこともあるということです。

私も、今では、故郷である徳島県にも精舎を建て始めていますけれども、かなり年数がたって、やっと還暦《かんれき》ぐらいに来たので、川島町《かわしまちょう》に「聖地エル・カンターレ生誕館」などを建てているのです。友達と言えるような人たちもみな、そろそろ現役《げんえき》引退のころが来たのではないかと思うような、いい年になりました。このくらいまで来ると、だいたい値打ちは固まってきていて、「どういう人か」という見極めがついているので、精舎などを建ててもよいころかと思い、建てているのです。

もし、三十代で建てていたら、もう少し悪く言われることのほうが多かったかもしれません。その場合は、やはり、自分のことを知らない人が多い都会で建てたほうがよかったでしょう。

そのように、人の問題や土地柄《がら》の問題、その人自身の「上根・中根・下根」の問題等、いろいろあると思うので、「人間学」を含《ふく》めて考えてもらえれば幸いです。

そして、「それでも、最後、月は、その人自身の目で見るしかないのだ」という仏陀《ぶっだ》の教えも、知っておいたほうがよいのではないかと思います。

あとがき

霊的実体験のある人にとっては、人間が魂と肉体の結合体《けつごうたい》であることは自明《じめい》の理である。しかも、人生行路《こうろ》の諸段階で、様々な悪魔的《デモーニッシュ》なまどわかしや、天使による救済《きゅうさい》を経験するものである。

しかし、現代の学問や教育が、「科学」の名のもとに、この単純な真理を観《み》る眼を曇《くも》らせている。その結果、無神論《むしんろん》・唯物論者《ゆいぶつろんしゃ》や邪教《じゃきょう》の見解をはびこらせている。

一般には、私の『正心法語《しょうしんほうご》』のCDや説法《せっぽう》のDVD、仏法真理の教学、精舎《しょうじゃ》での祈願で除霊《じょれい》は可能だが、悪霊《あくりょう》や悪魔の実在は、裁判所や病院で解明できるものではない。

私の説くエクソシスト論は、現代世界では、最先端《さいせんたん》のものである。キリスト教、イスラム教、仏教、神道《しんとう》等で、断片《だんぺん》的に説かれているものを統合したものである。

しっかりと学んでほしい。

二〇一九年　四月五日

幸福《こうふく》の科学《かがく》グループ創始者兼総裁《そうししゃけんそうさい》　大川隆法《おおかわりゅうほう》

『真のエクソシスト』関連書籍

『太陽の法』（大川隆法 著　幸福の科学出版刊）
『永遠の法』（同右）
『仏陀再誕』（同右）
『ザ・コンタクト』（同右）
『悪魔からの防衛術』（同右）
『エクソシスト概論』（同右）
『真実の霊能者』（同右）
『ＵＦＯリーディングⅡ』（同右）
『文在寅守護霊 vs. 金正恩守護霊』（同右）
『渡部昇一　死後の生活を語る』（同右）

※左記は書店では取り扱っておりません。最寄りの精舎・支部・拠点までお問い合わせください。
『The Real Exorcist』（大川隆法 著　宗教法人幸福の科学刊）

真《しん》のエクソシスト

2019年4月22日　初版第1刷
2020年8月7日　第2刷

著者　大《おお》川《かわ》隆《りゅう》法《ほう》

発行所　幸福の科学出版株式会社
〒107-0052 東京都港区赤坂2丁目10番8号
TEL(03)5573-7700
https://www.irhpress.co.jp/

印刷・製本　株式会社 堀内印刷所

落丁・乱丁本はおとりかえいたします
©Ryuho Okawa 2019. Printed in Japan. 検印省略
ISBN978-4-8233-0071-4 C0014
装丁・イラスト・写真©幸福の科学

大川隆法ベストセラーズ・悪霊・悪魔を寄せつけないために

悪魔の嫌うこと

悪魔は現実に存在し、心の隙を狙ってくる！ 悪魔の嫌う3カ条、怨霊の実態、悪魔の正体の見破り方など、目に見えない脅威から身を護るための「悟りの書」。

1,600円

悪魔からの防衛術

「リアル・エクソシズム」入門

現代の「心理学」や「法律学」の奥にある、霊的な「正義」と「悪」の諸相が明らかに。“目に見えない脅威”から、あなたの人生を護る降魔入門。

1,600円

真実の霊能者

マスターの条件を考える

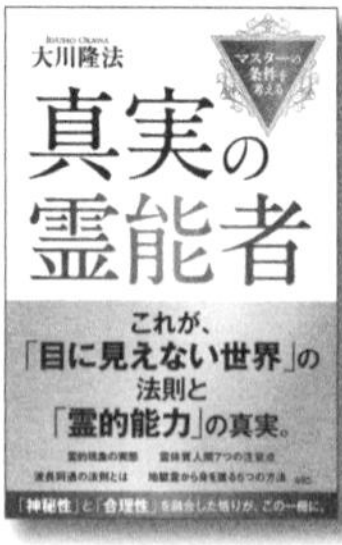

霊能力や宗教現象の「真贋《しんがん》」を見分ける基準はある――。唯物論や不可知論ではなく、「目に見えない世界の法則」を知ることで、真実の人生が始まる。

1,600円

エクソシスト概論

あなたを守る、「悪魔祓い」の基本知識Q＆A

悪霊・悪魔は実在する――。憑依現象による不幸や災い、統合失調症や多重人格の霊的背景など、六大神通力を持つ宗教家が明かす「悪魔祓い」の真実。

1,500円

※表示価格は本体価格（税別）です。

大川隆法ベストセラーズ・霊的世界の真実

永遠の法

エル・カンターレの世界観

すべての人が死後に旅立つ、あの世の世界。天国と地獄をはじめ、その様子を明確に解き明かした、霊界ガイドブックの決定版。

2,000 円

あなたの知らない地獄の話。

天国に還るために今からできること

無頼漢、土中、擂鉢《すりばち》、畜生、焦熱、阿修羅、色情、餓鬼、悪魔界――、現代社会に合わせて変化している地獄の最新事情とその脱出法を解説した必読の一書。

1,500 円

新しい霊界入門

人は死んだらどんな体験をする？

あの世の生活って、どんなもの？ すべての人に知ってほしい、最先端の霊界情報が満載の一書。渡部昇一氏の恩師・佐藤順太氏の霊言を同時収録。

1,500 円

霊界・霊言の証明について考える

大川咲也加 著

霊や霊界は本当に存在する――。大川隆法総裁の霊的生活を間近で見てきた著者が、「目に見えない世界」への疑問に、豊富な事例をもとに丁寧に答える。

1,400 円

大川隆法ベストセラーズ・現代に潜む悪霊・悪魔の実態

毛沢東の霊言

中国覇権主義、暗黒の原点を探る

言論統制、覇権拡大、人民虐殺──、中国共産主義の根幹に隠された恐るべき真実とは。中国建国の父・毛沢東の虚像を打ち砕く必読の一書。

1,400円

公開霊言 ニーチェよ、神は本当に死んだのか？

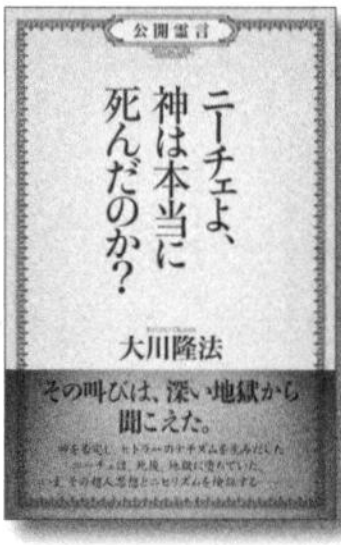

神を否定し、ヒトラーのナチズムを生み出したニーチェは、死後、地獄に堕ちていた。いま、ニーチェ哲学の超人思想とニヒリズムを徹底霊査する。

1,400円

フロイトの霊言

神なき精神分析学は人の心を救えるのか

人間の不幸を取り除くはずの精神分析学。しかし、その創始者であるフロイトは、死後地獄に堕ちていた──。霊的真実が、フロイトの幻想を粉砕する。

1,400円

不成仏の原理

霊界の最澄に訊く

悟りとは何か。死後の魂の救済とは何か。東日本大震災で、この世の無常を思い知らされた日本人に、今、仏教の原点を説き明かす。日本天台宗開祖・最澄の霊言を同時収録。

1,800円

※表示価格は本体価格（税別）です。

大川隆法 ベストセラーズ・現代に潜む悪霊・悪魔の実態

実戦・悪魔の論理との戦い方

エクソシズム訓練

信仰を護り抜くために、悪魔にどう立ち向かえばよいのか。嫉妬、不信感、嘘、欲望──、悪魔との直接対決から見えてきた、その手口と対処法とは。

1,400 円

愛と障害者と悪魔の働きについて

―「相模原《さがみはら》障害者施設」殺傷事件―

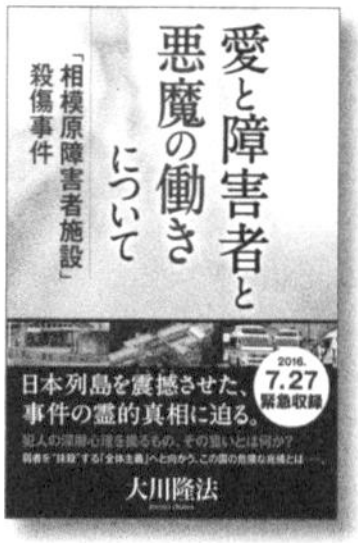

犯人を背後から操る霊的存在の「正体」とは？ 弱者を〝抹殺〟する「全体主義」への危険な兆候を、宗教ジャーナリズムの観点から分析する。

1,400 円

「仏説・降魔経」現象編──

「新潮の悪魔」をパトリオットする

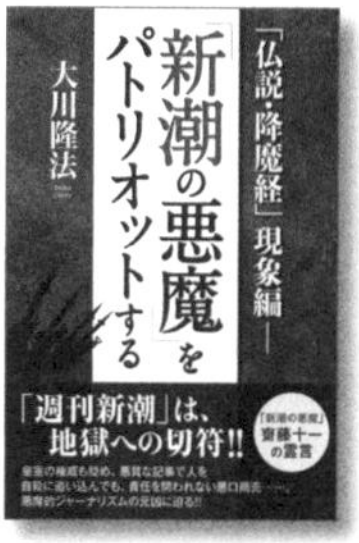

「週刊新潮」「フォーカス」を創刊し、新潮社の怪物と称された齋藤十一の霊が、幸福の科学を敵視する理由を地獄から激白！

1,400 円

地獄の条件

─松本清張・霊界の深層海流

社会悪を追及していた作家が、なぜ地獄に堕ちたのか？ 戦後日本のマスコミを蝕む地獄思想の源流の一つが明らかになる。

1,400 円

大川隆法シリーズ・**最新刊**

地獄に堕ちた場合の心得

「あの世」に還る前に知っておくべき智慧

身近に潜む、地獄へ通じる考え方とは？地獄に堕ちないため、また、万一、地獄に堕ちたときの「救いの命綱」となる一冊。〈付録〉中村元・渡辺照宏の霊言

1,500円

大川隆法 思想の源流

ハンナ・アレントと「自由の創設」

ハンナ・アレントが提唱した「自由の創設」とは？「大川隆法の政治哲学の源流」が、ここに明かされる。著者が東京大学在学時に執筆した論文を特別収録。

1,800円

「呪い返し」の戦い方

あなたの身を護る予防法と対処法

あなたの人生にも「呪い」は影響している──。リアルな実例を交えつつ、その発生原因から具体的な対策まで解き明かす。運勢を好転させる智慧がここに。

1,500円

長谷川慶太郎の未来展望

コロナ禍の世界をどう見るか

「神の政治学」「神の経済学」を21世紀前期に打ち樹てられるか？ 世界恐慌の可能性、米中覇権戦争の行方などを、"霊界国際エコノミスト"が大胆予測！

1,400円

※表示価格は本体価格(税別)です。

大川隆法「法シリーズ」・**最新刊**

鋼鉄の法

法シリーズ
第26作

人生をしなやかに、力強く生きる

自分を鍛え抜き、迷いなき心で、闇を打ち破れ──。

人生の苦難から日本と世界が直面する難題まで、さまざまな試練を乗り越えるための方法が語られる。

第１章　繁栄を招くための考え方
──マインドセット編

第２章　原因と結果の法則
──相応の努力なくして成功なし

第３章　高貴なる義務を果たすために
──価値を生んで他に貢献する「人」と「国」のつくり方

第４章　人生に自信を持て
──「心の王国」を築き、「世界の未来デザイン」を伝えよ

第５章　救世主の願い
──「世のために生き抜く」人生に目覚めるには

第６章　奇跡を起こす力
──透明な心、愛の実践、祈りで未来を拓け

2,000円

幸福の科学の中心的な教え──「法シリーズ」

好評発売中！

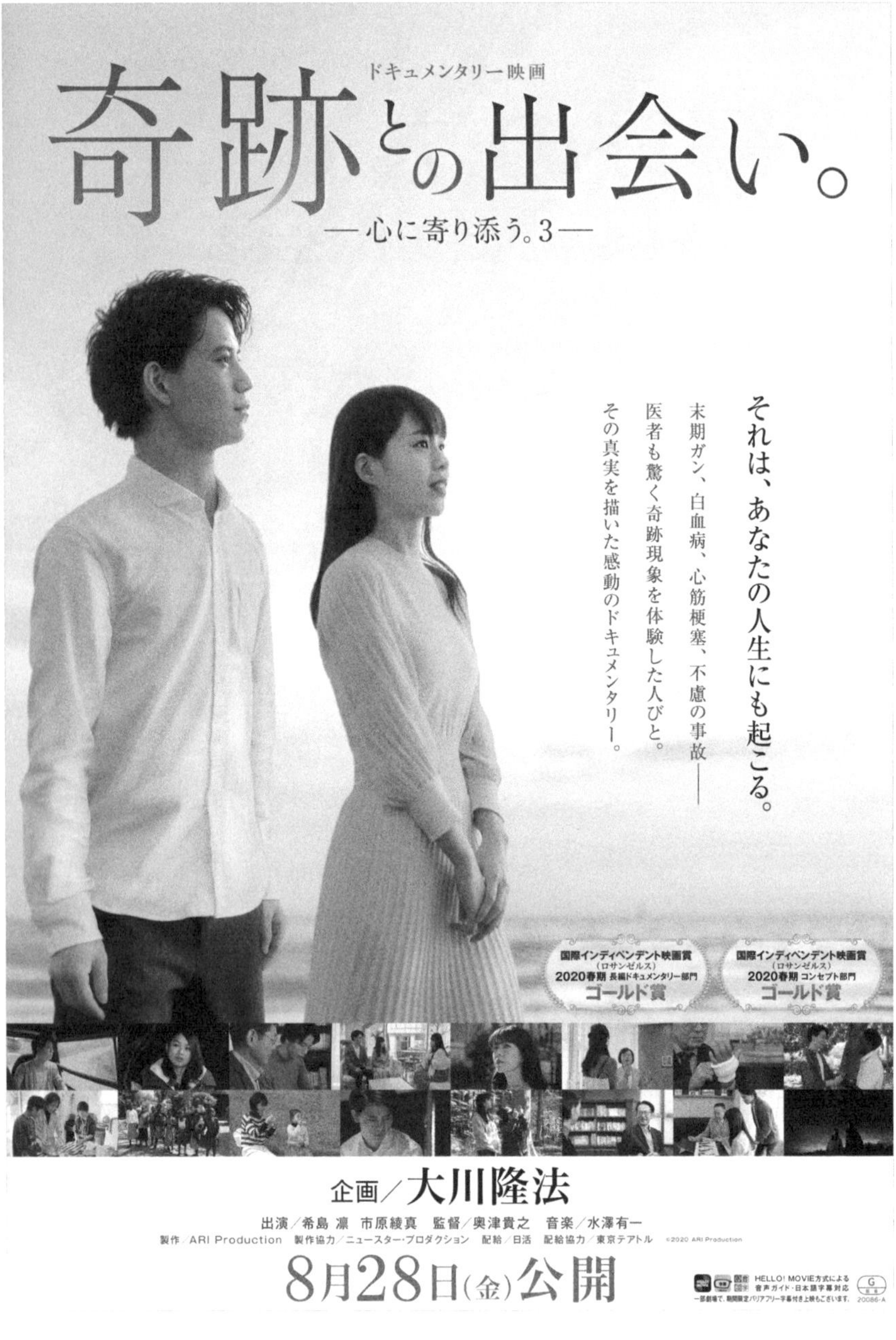
ドキュメンタリー映画
奇跡との出会い。
―心に寄り添う。3―
それは、あなたの人生にも起こる。
末期ガン、白血病、心筋梗塞、不慮の事故――
医者も驚く奇跡現象を体験した人びと。
その真実を描いた感動のドキュメンタリー。
国際インディペンデント映画賞（ロサンゼルス）2020春期 長編ドキュメンタリー部門 ゴールド賞
国際インディペンデント映画賞（ロサンゼルス）2020春期 コンセプト部門 ゴールド賞
企画／大川隆法
出演／希島 凜 市原綾真 監督／奥津貴之 音楽／水澤有一
製作／ARI Production 製作協力／ニュースター・プロダクション 配給／日活 配給協力／東京テアトル ©2020 ARI Production
8月28日（金）公開
HELLO! MOVIE方式による音声ガイド・日本語字幕対応
一部劇場で、期間限定バリアフリー字幕付き上映もございます。
G
20086-A

すべてを捨て、ただ一人往く。
夜明けを信じて。
製作総指揮・原作 大川隆法
10.16
Roadshow
田中宏明　千眼美子　長谷川奈央　並樹史朗　窪塚俊介　芳本美代子　芦川よしみ　石橋保
監督／赤羽博　音楽／水澤有一　脚本／大川咲也加　製作／幸福の科学出版　製作協力／ARI Production　ニュースター・プロダクション
制作プロダクション／ジャンゴフィルム　配給／日活　配給協力／東京テアトル　©2020 IRH Press
https://yoake-shinjite.jp/

幸福の科学グループのご案内

宗教、教育、政治、出版などの活動を通じて、地球的ユートピアの実現を目指しています。

幸福の科学

一九八六年に立宗。信仰の対象は、地球系霊団の最高大霊、主エル・カンターレ。世界百カ国以上の国々に信者を持ち、全人類救済という尊い使命のもと、信者は、「愛」と「悟り」と「ユートピア建設」の教えの実践、伝道に励んでいます。

（二〇二〇年七月現在）

愛

幸福の科学の「愛」とは、与える愛です。これは、仏教の慈悲《じひ》や布施《ふせ》の精神と同じことです。信者は、仏法真理をお伝えすることを通して、多くの方に幸福な人生を送っていただくための活動に励んでいます。

悟り

「悟り」とは、自らが仏の子であることを知るということです。教学《きょうがく》や精神統一によって心を磨き、智慧《ちえ》を得て悩みを解決すると共に、天使・菩薩《ぼさつ》の境地を目指し、より多くの人を救える力を身につけていきます。

ユートピア建設

私たち人間は、地上に理想世界を建設するという尊い使命を持って生まれてきています。社会の悪を押しとどめ、善を推し進めるために、信者はさまざまな活動に積極的に参加しています。

国内外の世界で貧困や災害、心の病で苦しんでいる人々に対しては、現地メンバーや支援団体と連携して、物心両面にわたり、あらゆる手段で手を差し伸べています。

年間約２万人の自殺者を減らすため、全国各地で街頭キャンペーンを展開しています。

公式サイト **www.withyou-hs.net**

ヘレン・ケラーを理想として活動する、ハンディキャップを持つ方とボランティアの会です。視聴覚障害者、肢体不自由な方々に仏法真理を学んでいただくための、さまざまなサポートをしています。

公式サイト **www.helen-hs.net**

入会のご案内

幸福の科学では、大川隆法総裁が説く仏法真理《ぶっぽうしんり》をもとに、「どうすれば幸福になれるのか、また、他の人を幸福にできるのか」を学び、実践しています。

入会

仏法真理を学んでみたい方へ

大川隆法総裁の教えを信じ、学ぼうとする方なら、どなたでも入会できます。入会された方には、『入会版「正心法語《しょうしんほうご》」』が授与されます。

ネット入会 入会ご希望の方はネットからも入会できます。
happy-science.jp/joinus

三帰《さんき》誓願《せいがん》

信仰をさらに深めたい方へ

仏弟子としてさらに信仰を深めたい方は、仏《ぶっ》・法《ぽう》・僧《そう》の三宝《さんぽう》への帰依を誓う「三帰誓願式」を受けることができます。三帰誓願者には、『仏説・正心法語』『祈願文《きがんもん》①』『祈願文②』『エル・カンターレへの祈り』が授与されます。

幸福の科学 サービスセンター
TEL 03-5793-1727
受付時間／火～金：10～20時 土・日祝：10～18時（月曜を除く）

幸福の科学 公式サイト
happy-science.jp

ハッピー・サイエンス・ユニバーシティ
Happy Science University

ハッピー・サイエンス・ユニバーシティとは

ハッピー・サイエンス・ユニバーシティ（HSU）は、大川隆法総裁が設立された
「現代の松下村塾」であり、「日本発の本格私学」です。
建学の精神として「幸福の探究と新文明の創造」を掲げ、
チャレンジ精神にあふれ、新時代を切り拓く人材の輩出を目指します。

人間幸福学部　経営成功学部　未来産業学部

HSU長生キャンパス TEL **0475-32-7770**
〒299-4325　千葉県長生郡長生村一松丙 4427-1

未来創造学部

HSU未来創造・東京キャンパス
TEL **03-3699-7707**
〒136-0076　東京都江東区南砂2-6-5　公式サイト **happy-science.university**

学校法人 幸福の科学学園

学校法人 幸福の科学学園は、幸福の科学の教育理念のもとにつくられた教育機関です。人間にとって最も大切な宗教教育の導入を通じて精神性を高めながら、ユートピア建設に貢献する人材輩出を目指しています。

幸福の科学学園
中学校・高等学校（那須本校）
2010年4月開校・栃木県那須郡（男女共学・全寮制）
TEL **0287-75-7777** 公式サイト **happy-science.ac.jp**

関西中学校・高等学校（関西校）
2013年4月開校・滋賀県大津市（男女共学・寮及び通学）
TEL **077-573-7774** 公式サイト **kansai.happy-science.ac.jp**

仏法真理塾「サクセスNo.1」

全国に本校・拠点・支部校を展開する、幸福の科学による信仰教育の機関です。小学生・中学生・高校生を対象に、信仰教育・徳育にウエイトを置きつつ、将来、社会人として活躍するための学力養成にも力を注いでいます。

TEL 03-5750-0751（東京本校）

エンゼルプランV

東京本校を中心に、全国に支部教室を展開しています。信仰に基づいて、幼児の心を豊かに育む情操教育を行っています。また、知育や創造活動を通して、子どもの個性を大切に伸ばし、天使に育てる幼児教室です。

TEL 03-5750-0757（東京本校）

不登校児支援スクール「ネバー・マインド」

TEL 03-5750-1741

心の面からのアプローチを重視して、不登校の子供たちを支援しています。

ユー・アー・エンゼル！（あなたは天使！）運動

障害児の不安や悩みに取り組み、ご両親を励まし、勇気づける、障害児支援のボランティア運動を展開しています。

一般社団法人 ユー・アー・エンゼル

TEL 03-6426-7797

NPO活動支援

いじめから子供を守ろうネットワーク

学校からのいじめ追放を目指し、さまざまな社会提言をしています。また、各地でのシンポジウムや学校への啓発ポスター掲示等に取り組む一般財団法人「いじめから子供を守ろうネットワーク」を支援しています。

公式サイト mamoro.org　ブログ blog.mamoro.org

相談窓口 TEL.03-5544-8989

百歳まで生きる会

「百歳まで生きる会」は、生涯現役人生を掲げ、友達づくり、生きがいづくりをめざしている幸福の科学のシニア信者の集まりです。

シニア・プラン21

生涯反省で人生を再生・新生し、希望に満ちた生涯現役人生を生きる仏法真理道場です。定期的に開催される研修には、年齢を問わず、多くの方が参加しています。

全世界212カ所（国内197カ所、海外15カ所）で開校中。

【東京校】 TEL 03-6384-0778 FAX 03-6384-0779

メール senior-plan@kofuku-no-kagaku.or.jp

幸福実現党

内憂外患《ないゆうがいかん》の国難に立ち向かうべく、2009年5月に幸福実現党を立党しました。創立者である大川隆法党総裁の精神的指導のもと、宗教だけでは解決できない問題に取り組み、幸福を具体化するための力になっています。

幸福実現党 釈量子サイト **shaku-ryoko.net**
Twitter **釈量子@shakuryokoで検索**

党の機関紙
「幸福実現党NEWS」

幸福実現党 党員募集中

あなたも幸福を実現する政治に参画しませんか。

○幸福実現党の理念と綱領、政策に賛同する18歳以上の方なら、どなたでも参加いただけます。

○党費：正党員（年額5千円［学生 年額2千円］）、特別党員（年額10万円以上）、家族党員（年額2千円）

○党員資格は党費を入金された日から1年間です。

○正党員、特別党員の皆様には機関紙「幸福実現党NEWS（党員版）」（不定期発行）が送付されます。

＊申込書は、下記、幸福実現党公式サイトでダウンロードできます。
住所：〒107-0052 東京都港区赤坂2-10-8 6階 幸福実現党本部
TEL **03-6441-0754** FAX **03-6441-0764**
公式サイト **hr-party.jp**

出版 メディア 芸能文化 幸福の科学グループ

幸福の科学出版

大川隆法総裁の仏法真理の書を中心に、ビジネス、自己啓発、小説など、さまざまなジャンルの書籍・雑誌を出版しています。他にも、映画事業、文学・学術発展のための振興事業、テレビ・ラジオ番組の提供など、幸福の科学文化を広げる事業を行っています。

アー・ユー・ハッピー？
are-you-happy.com

ザ・リバティ
the-liberty.com

幸福の科学出版
TEL **03-5573-7700**
公式サイト **irhpress.co.jp**

THE FACT **ザ・ファクト**
マスコミが報道しない「事実」を世界に伝えるネット・オピニオン番組

ザ・ファクト 検索

NEW STAR PRODUCTION

ニュースター・プロダクション

「新時代の美」を創造する芸能プロダクションです。多くの方々に良き感化を与えられるような魅力あふれるタレントを世に送り出すべく、日々、活動しています。 公式サイト **newstarpro.co.jp**

ARI Production

ARI《アリ》 Production《プロダクション》

タレント一人ひとりの個性や魅力を引き出し、「新時代を創造するエンターテインメント」をコンセプトに、世の中に精神的価値のある作品を提供していく芸能プロダクションです。 公式サイト **aripro.co.jp**

大川隆法　講演会のご案内

大川隆法総裁の講演会が全国各地で開催されています。講演のなかでは、毎回、「世界教師」としての立場から、幸福な人生を生きるための心の教えをはじめ、世界各地で起きている宗教対立、紛争、国際政治や経済といった時事問題に対する指針など、日本と世界がさらなる繁栄の未来を実現するための道筋が示されています。

2019年12月17日 さいたまスーパーアリーナ「新しき繁栄の時代へ」

2019年10月6日 ザ ウェスティン ハーバーキャッスル トロント(カナダ)「The Reason We Are Here」

2019年7月5日 福岡国際センター「人生に自信を持て」

2019年3月3日 グランド ハイアット 台北(台湾)「愛は憎しみを超えて」

2019年7月13日 ホテル イースト21東京「幸福への論点」

講演会には、どなたでもご参加いただけます。
最新の講演会の開催情報はこちらへ。 ⟹

大川隆法総裁公式サイト
https://ryuho-okawa.org